制度管理 情感管理 创新管理

——三阶梯管理

马斯洛需要理论在管理学上的重要应用

赵伯平◉著

SPM
南方出版传媒
广东经济出版社
——广州——

图书在版编目（CIP）数据

制度管理 情感管理 创新管理：三阶梯管理/ 赵伯平著．—广州：广东经济出版社，2016. 10
ISBN 978 - 7 - 5454 - 4823 - 8

Ⅰ．①制… Ⅱ．①赵… Ⅲ．①企业管理Ⅳ．①F272

中国版本图书馆 CIP 数据核字（2016）第 222095 号

出 版 人：姚丹林
责任编辑：郑秋瑛
责任技编：许伟斌

出版发行	广东经济出版社（广州市环市东路水荫路 11 号 11～12 楼）
经销	全国新华书店
印刷	广州佳达彩印有限公司 （广州市黄埔区茅岗环村路 238 号）
开本	787 毫米×1092 毫米　1/16
印张	11. 75　1 插页
字数	151 000 字
版次	2016 年 10 月第 1 版
印次	2016 年 10 月第 1 次
书号	ISBN 978 - 7 - 5454 - 4823 - 8
定价	25. 00 元

如发现印装质量问题，影响阅读，请与承印厂联系调换。
发行部地址：广州市环市东路水荫路 11 号 11 楼
电话：（020）38306055　37601950　邮政编码：510075
邮购地址：广州市环市东路水荫路 11 号 11 楼
电话：（020）37601980　营销网址：http://www.gebook.com
广东经济出版社新浪官方微博：http://e.weibo.com/gebook
广东经济出版社常年法律顾问：何剑桥律师

目 录

第一章 寻根溯源

> 大胆假设，小心求证。
>
> ——胡适

☺ 何谓三阶梯管理

信息社会的特点是信息量大，信息社会的难点是怎样花最少的时间，从大量纷繁芜杂的信息中去粗取精，搜寻到自己最想要的东西。为此，我想请读者诸君先借助两篇短文的比较，在弄清什么是三阶梯管理的大概及其优劣性如何的基础上，再以最快的速度作出本书是否值得一读的明智决断来。

制度管理、情感管理、创新管理

——简论三阶梯管理

赵伯平（略有改动）

现代社会的科技、经济正发生着日益迅猛的变化，数字地球、新经济浪潮在极大地改变着企业内外环境的同时，也对企业管理提出了更新、更高的要求。能否构建一个有序、开放、完整的管理系统，已成为企业发展快慢的关键。笔者认为，有序、开放、完整的企业管理系统应是制度管理、情感管理、创新管理的梯进与融合。

一、三阶梯管理是企业健康运行的需要

制度管理，以制度为管理的对象，旨在为企业建立简洁、高效的运行秩序。它是企业管理系统的基础，其要点在于“一严二合理”。所谓严，体现在制度的拟订过程中，要以严谨的态度深入调查，不同制度之间的逻辑关系要严密顺畅；体现在制度的执行过程中，要严格有力，无高低、内外之别。所谓合理，体现为制度管理要符合社会化大生产、市场竞争的规律，要遵循天理人性。严与合理是制度管理中一个问题的两个方面，只有严，才能体现合理；只有合理，才可能做到严。

情感管理，以员工的情感为管理对象，旨在从人之常情出发，关心员工生活，努力为其创造宽松、和谐的工作环境，增强企业亲和力。情感管理能有效弥补制度管理之不足，变消极为积极，化被动为主动。情感管理与制度管理相比，前者为柔，重在“布恩”；后者为刚，重在“立威”。企业管理只有刚柔相济，恩威并举，方可使员工心悦而诚服。

创新管理，以创新活动为管理对象，旨在激活员工的创新潜能，提升企业的创新能力。创新管理能及时调整企业中那些陈旧的、过时的条条框框，使之不断产生新观念、新方法、新产品，从而使企业在有序中含无序，肯定中有否定，稳定中求发展。

梯进的三种管理，各有其特定功能，仅有制度管理，企业将成为一潭死水；仅有情感管理，企业会成为一团乱麻；仅有创新管理，企业将失去其存在的根本。套用托尔斯泰的一句名言：成功的企业都是相似的，都是制度管理、情感管理、创新管理的协调一致。

二、三阶梯管理是充分满足员工需要的最佳架构

心理学家奥德费在马斯洛关于人的五种需要理论的基础上，把人的需要压缩为生存需要、相互关系的需要、成长发展的需要三个不同的层次。笔者进一步的研究表明，梯进的三种管理与员工的三种需要之间存在着一一对应的关系：生存需要对应于制度管理；相互关系的需要对应于情感管理；成长发展的需要对应于创新管理。

首先，制度管理着眼于适应社会化大生产、市场竞争的规律，把单个员工组成工作流程科学合理、严谨有序的整体，大大增加了个人、企业的效率与产出，使员工获得较高的报酬，满足了员工的生存需要。其次，情感管理着眼于对员工人性的尊重，倡导人与人之间的平等关系，营建友爱、祥和、快乐的家庭式氛围，满足了员工的相互关系需要。最后，创新管理着眼于员工潜能的发挥，主张变革，宽容失败，鼓励员工大胆地想，大胆地闯，在企业创新中实现自我，满足了员工成长发展的需要。

三阶梯管理带给企业员工需要的满足是全方位、多层次的，积极向上者能在其中找到自我实现的舞台，而安于本职者也能心情舒畅地工作，可谓人人有希望，个个有笑脸。

三、三阶梯管理是适应社会经济发展的必然

如果以恩格尔系数为标尺，把西方资本主义国家的经济发展史划分为三个阶段，我们可以发现：高位的恩格尔系数对应于生存需要和制度管理；中位的恩格尔系数对应于相互关系的需要和情感管理；低位的恩格尔系数则对应于成长发展的需要和创新管理。

当西方资本主义社会的恩格尔系数处于高位时，大多数工人家庭收入微薄，其主流需要是生存需要，企业管理理论研究的注意力

集中于制度管理，其代表人物和代表作是泰罗的《科学管理原理》、法约尔的《工业和一般管理》；当恩格尔系数处于中位时，大多数工人家庭的收入有了明显增加，其主流需要是相互关系的需要，企业管理理论研究的注意力集中于情感管理，其代表人物和代表作是梅奥的《工业文明史中人的问题》、麦克雷戈的《X理论—Y理论》；而当恩格尔系数处于低位时，大多数工人家庭的收入进一步增加，一个庞大的中产阶级诞生了，此时，其主流需要是成长发展的需要，企业管理理论研究的注意力则集中于创新管理。（温馨提示一：制度管理不等于用制度进行管理；情感管理不等于富有情感的管理；创新管理不等于对管理的创新。温馨提示二：制度管理不等于用制度进行管理；情感管理不等于富有情感的管理；创新管理不等于对管理的创新。温馨提示三：制度管理不等于用制度进行管理；情感管理不等于富有情感的管理；创新管理不等于对管理的创新。）

从“物本”到“人本”到“能本”

——西方管理理论发展新趋势

（摘自《人才市场报》）

第一代管理理论：“经济人”与物本管理

西方第一代管理理论，是以“经济人”假设为基础和前提的物本管理。当时的管理理论学家认为，人是经济人，是经济动物，人主要是为金钱而工作，为物质生活享受而生存，只要满足人对金钱和物质的需求，就能调动其积极性。劳资矛盾主要源于经济利益的矛盾。基于这种认识，他们注重实行物本管理。这种管理的特点是见物不见人，重物轻人；把人当作工具、当作物来管理；人被当作机器附属物，要人去适应机器；对人主要实行物质激励和金钱激励。即使是被誉为“科学管理之父”的泰勒，也只是把人当作物和工具来管理，他并没有区分对物的管理和对人的管理。

第二代管理理论：“社会人”与人本管理

第二代西方管理理论，是以“社会人”假设为基础和前提的人本管理。随着科学技术的迅猛发展和应用，社会生产率的大提高，以及生产日益社会化，各种各样的管理理论、管理方法相继出现，这些理论和方法在不同程度上都对物本管理提出了批判，其中影响最大的是20世纪30年代前后出现的以“社会人”假设为基础和前提的人本管理理论。这种管理理论有三种表现形式：人群关系学、行为科学、以人为本理论。

澳大利亚出生的管理学家梅奥创立的“人群关系学”，揭开了现代人本管理的帷幕，为现代管理理论奠定了基础。梅奥经过多种调查研究和实验后认为，工人获得集体的承认以及生产安全比物质刺激更为重要。影响工作积极性的还有工人的心理因素：工人社会地位低下，其积极性和创造性就发挥不出来。据此，梅奥提出了以“社会人”为基础和前提的“人群关系学”。

20世纪40年代，这种人群关系学导致了“行为科学”的产生。行为科学主张协调组织目标和个人目标，激发人的内在动力，促进人们自觉自愿发挥出力量来达到组织目标。这一理论的进步之处在于重视人的因素以及人和社会的关系，重视人的外在关系行为。

20世纪80年代，美日经济发展不平衡，引起了美国各界人士的不安和关注，因而导致了美日比较管理研究的热潮。人们深刻认识到，不同管理模式的背后是文化的差异，文化对管理具有重要的作用和影响。尤其是人们后来改变了对企业、对人的看法，认为企业不再单纯是一种经济组织；人不单纯是创造财富的工具，人是企业最大的资本、资产、资源和财富，是企业的主体。据此，企业管理便采取了以人为本的企业文化方式。在这种管理理论中，对物的管理是通过对人的管理来实现的，人在企业中的地位和作用被肯定了，人的价值被发现了，人力资源得到了开发和利用。

第三代管理理论："能力人"和"能本管理"

西方管理理论发展的新趋势，是以"能力人"假设为基础和前提的能本管理，这将是西方管理理论发展的第三代。在现代西方，人们对物质方面的兴趣开始淡薄，而对人的创造能力的关注日益增长。作为人的最高需要的自我实现（按照人的兴趣、能力从工作中取得成就），正成为西方人追求的重要目标。面对西方发达工业社会的沉重代价，许多思想家从文化价值和人性上思考问题，认为实行"人的革命"是避免最高代价的一种重要方式，而"人的革命"的一个重要内容，就是挖掘人的潜力，发挥人的创造能力和智力，把人塑造成"能力人"。知识经济正向我们走来，知识经济的灵魂是创新，人的智力和创造能力将在21世纪经济发展中起主导作用，并且包含人的创新能力的人力资本对现代经济的增长也至关重要。历史发展的这种趋势将引起企业管理的创新。其任务之一，就是大力开发人力资源，充分调动人的智力因素，培养和发挥人的工作能力，营造一个能发挥创造能力的环境。其实质就是，实行以"能力人"为基础和前提的能本管理，即以人的能力为本的管理。

☺ 三阶梯管理的由来

有心的读者不难从中看出两篇短文的相融相通之处：我讲的制度管理对应于生存需要，西方的"物本管理"对应于"经济人"，将我们联结在一起的是“科学管理之父”泰勒；我讲的情感管理对应于相互关系的需要，西方的“人本管理”对应于“社会人”，将我们联结在一起的是澳大利亚的梅奥；我讲的创新管理对应于成长发展的需要，西方的“能本管理”对应于“能力人”，将我们联结在一起的是知识经济社会的到来。并且基于接下来的理由，使我能神定气笃地将我的“三阶梯管理”一说摆放于西方的“物本、人本、能本管理”之上。因为从字面上讲，“人本”内在包含了“能本”，“能本”只是“人本”的一个分支，把“能本”与“人本”相提并论，既失去了逻辑上的严谨性，也容易引起思维的混乱，而我讲的制度管理、情感管理、创新管理则不然，毫无逻辑上的矛盾之处。此其一。

“物本、人本、能本管理”和“三阶梯管理”的逻辑基础不同，前者依据“经济人”、“社会人”、“能力人”理论，而“经济人”、“社会人”、“能力人”三大理论之间又少有相融的空间，“社会人”否定“经济人”，“能力人”否定“社会人”，因此，“物本、人本、能本管理”带给人们的认识常常是对立与排斥。后者依据马斯洛需要层次论，由于不同的需要内在统一于同一个人身上，所以相应的制度管理、情感管理、创新管理既不对立，也不排斥，而是融和与梯进。有关这一点的先进合理性，我将在接下来的篇章中作更加详细的阐述。此其二（参见第 10 页图示）。

在社会管理的层面上提倡以人为本，肯定具有无可争辩的进步意义，但如果放在企业管理的层面上，其合理性就值得商榷。提倡企业管理以人为本，这个人是股东、老板、供应商，还是员工、经理人、顾客？如果是员工、经理人、顾客，那么当股东、老板利益与之发生矛盾时，后者就应该给前者让路。这样的让路到底能让到什么程度？此外，即使真的能做到以员工、经理人为本，其中还有个以员工、经理人的哪方面需要为本的问题。员工、经理人的需要多种多样，不同种的需要之间可能会出现满足了其中的一个就不会满足另外一个的情形，比如满足了员工的金钱需要，就不能满足自由自主的需要，这时的“以人为本”又该如何？

企业毕竟是一个经济组织，它最大的使命在于为股东创造价值，说得再大、再高尚一点，也不过是为社会创造价值。在企业提倡以人为本，一方面不符合现实，现实中真正能够长期地、一贯地将员工的需要放在企业生存之上，该裁员时不裁，该减薪时不减，大概也不是市场环境中货真价实的企业，至少都会和官方挂上点边，否则撑不住；另一方面把本应属于社会的职责交给企业，难免会让企业犯糊涂，本末倒置，弄不清自己到底是谁。相反，提倡制度、情感、创新管理的梯进与融合就令人信服多了，不但不会丢失“以人为本”论所强调的对员工的人文关怀，而且还因为把这种关怀具体落实在了对员工从生存到自我实现等五大需要的满足上而变得清晰可见。更为重要的是，我的三阶梯管理，能使企业明白无误地知道自己的责任所在，既切实，又可行！此其三。（注：我讲的三阶梯管理针对的是企业的管理大系统，而西方的“物本”、“人本”、“能本”针对的是人，两者有着明显的差别。虽然如此，相互间仍然有着很大的可比性，因为企业管理说到底都是对人的管理。）

如果尊敬的读者诸君至此尚能认同我对三阶梯管理的概述与评价，就请继续耐着性子让我从三阶梯管理的由来一节一节往下叙，不然，只有遗憾地抱拳再见了！

好了，所见略同的朋友们，现在就出发，跟我走吧！我敢保证，你们接下来看到的三阶梯管理，将比开头的“制度管理、情感管理、创新管理”一文中的内容要远为新鲜丰富，生动有趣得多，在那里，大批耳目一新的观点和倍感亲切的理念正恭候着你们的光临，原先的三阶梯管理毕竟还是我好几年前的一点点不成熟想法，而今天的三阶梯管理则有了长足的进步，不信，我们走着瞧！

有一种现象很早就引起我的深思：

大凡初涉工商管理或急于从管理理论中为企业寻求良药的人们，

在面对一大堆管理理论、管理名称、管理方法时，常常有头晕眼花、手足无措之感。因为一则差不多工商企业经营中的每一项活动都可以找到相应的管理来表示，像什么质量管理、成本管理、技术管理、营销管理、售后服务管理、客户关系管理、行政管理、公关管理、危机管理、广告管理、财务管理、监察管理、战略管理、计划管理、人力资源管理、绩效管理、档案管理、仓储管理、车间管理、班组管理、定置管理、值班管理、时间管理等不胜枚举，要多少有多少！二则在形形色色的管理理论、管理名称、管理方法的主张者、创立者们那里，自己的一亩三分地无不具有一句顶一万句、唯我独尊的重要性和空前绝后的伟大意义！三则对于各种管理理论、管理名称、管理方法之间的整合和系统性划分，以及它们各自之于企业管理的先后、主次顺序却鲜见有人客观公正地提及。

老实说，曾经的我就是这样一个真真切切的困惑者，尤其是在我不揣浅陋地提出了“合理对抗的创新机制”一说后。我提出“合理对抗的创新机制”一说的背景是在1998年的全国人民代表大会上，创新引起了国家领导人的特别重视。全国上下，主要是宣传舆论界顿时一片沸腾，振聋发聩之声此起彼伏，一浪高过一浪。数不清的研讨会、报告会、高级论坛、征文活动纷至沓来，蓬勃兴起。于是，借着那喜人又逼人的大好形势，我的《论合理对抗的创新机制》也应运而生！其主旨在于：借助合理对抗机制的设立来激发员工和企业的创新潜能，谋求创新活动的自觉化、正常化、规范化。跟其他管理理论的主张者一样，在私底下我也非常强调“合理对抗”对于企业生存与发展的重要性，并力图为之在企业管理中找到一个显眼的位置。于是我自然要想：合理对抗的创新机制是什么？它从属于何种类型的管理？如果它从属于创新的管理，那创新的管理又是什么？

我想呀想呀，左想右想前想后想，时时想日日想月月想，拼命地想。

终于有一天——1999年初春的一个早晨，我在穿衣洗漱的不经意间，胸中陡生出“现代企业管理系统应是制度管理、情感管理、创新管理的梯进和融合”的灵感，亦即三阶梯管理的大胆设想。从此，紧紧围绕三阶梯管理的必然性、合理性、规律性的小心求证在我便一直没有停止，一系列与之相关的问题和思索也纷至沓来。

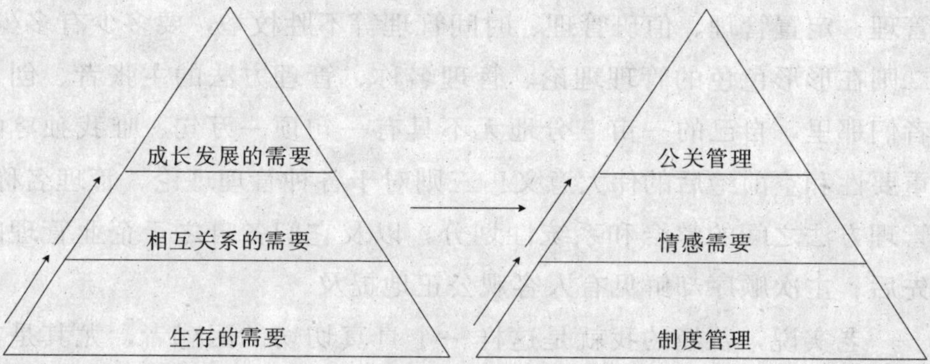

图示:三阶梯管理

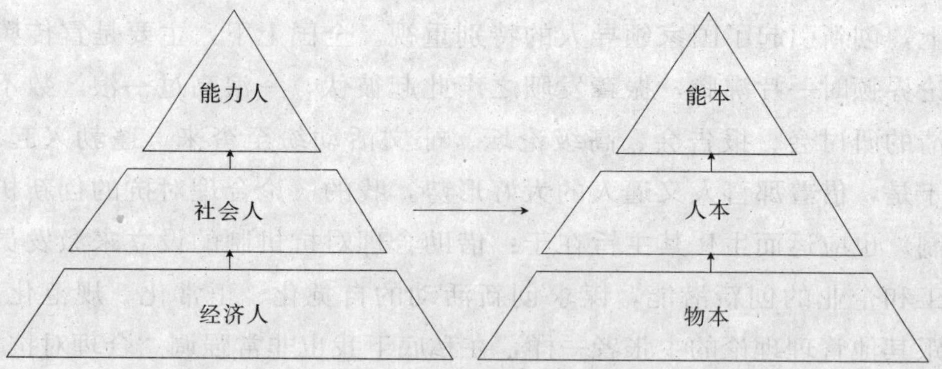

图示:西方管理理论发展新趋势

为何叫做三阶梯管理而不是三阶段管理或三种不同类型的管理？

什么是阶梯的特定寓意？

每一阶梯管理的界定、要点、难点以及对于整个企业管理系统的价值是什么？

三个阶梯管理之间的相互关系及动态变化怎样？

三阶梯管理与其他管理理论、管理名称、管理方法的关系如何？

三阶梯管理之于企业生存发展的必然性为何？

三阶梯管理之于人的需要的合理性为何？

三阶梯管理之于社会经济发展不同阶段的逻辑性为何？

……

我不只是想，而且还努力把所思所想整理成文送到报社去投稿，先由 2000 年 6 月 5 日的《厂长经理报》发表了我的《马斯洛需要层次论与三阶梯管理》一文，再由 2001 年 8 月 25 日的《人才市场报》发表了我的《制度管理、情感管理、创新管理——简论三阶梯管理》。

谨此，我愿以十分诚挚的心情向《厂长经理报》的范春林编辑、《人才市场报》的薛伟平编辑致以深深的敬意，他们曾经给予我的厚爱将永远激励我在漫漫求索路上一往无前！

第二章 制度不败

> 制度这东西，开始你不喜欢它，排斥它；慢慢地，开始接受它，喜欢它，最后你发现自己离不开它，你本身也变成了制度的一部分。
>
> 无名氏

☺ 什么是我们所讲的制度

我们所讲的制度是广义上的制度，一言以蔽之，就是构成企业组织的全部刚性。包括了组织机构、岗位设置、人员编制、部门职责、岗位描述、责权利、纵向横向的指挥协调关系、工作流程、业务流程、标准、规章制度、守则等诸多要素。它和一般狭义上的制度——由组织制定的要求全体成员共同遵守的办事规程或行动准则——不同，前者的着眼点在于组织的构建，后者则专注于组织成员的某一类行为，如上下班考勤、物资采购。

狭义的制度固然是我们要讲的制度，但不是全部，只是其中的一个部分。狭义上的制度，像城市交通管理系统中的红绿灯制度，虽能规范好各类车辆的行驶，但不能将川流不息的车辆和行人组成一家秩序井然的运输公司。要组成一家运输公司，非得借助于我们所讲的广义上的制度不可。

从这个意义上讲，我们所讲的广义的制度乃是孕育了企业组织的母体。企业组织因广义的制度而存在，广义的制度构造了企业组织。

☺ 什么是我们所讲的制度管理

人们都知道企业要运用制度来进行管理，却很少有人知道对制度本身要予以管理。我们所讲的制度管理，即是以广义的制度为对象，对制度本身进行的管理。听起来像是在绕口令，其实不然，制度虽然是管理的主要工具，但其本身一样需要管理，不但需要管理，而且从本质上说，只有在对制度进行了有效的管理后，用制度进行管理才是名副其实的。

有关制度管理的必要性，我们可借助对现代法治国家法制管理体系的观察来窥其一二。一方面，现代法治国家作为一个组织，其法制无一不是广义上的法制，并且有着比企业组织制度更多更丰富的内容，除常见的组织机构设置、组织职能、办事流程、规章制度、标准外，还有各式各样的法律、法规、命令、条例、通则、细则、规则、准则、规程、规定、办法、纲要、决定、通知。另一方面，现代法治国家对法制本身都有着完整而严谨的管理，譬如对其中之一的“法”就涵盖了法律体系的整体规划、法律的组织制定、法律的批准公布、立法过程中相关部门的指挥协调、立法与司法的监督、立法和法令的司法审查、法律的执行、立法解释、法律知识的普及、法律的修改完善及最后的废止等；离开了对法律的管理，国家的法律体系无疑会陷入法出多门、矛盾重重、漏洞百出、一团乱麻的窘境。

制度管理之于企业，或者说之于一切组织的必要性，归根到底还源于广义的制度本身和企业作为一个组织而具有的系统性。

首先，广义的制度本身需要对制度进行管理。我们不妨把单个的制度视作单件衣服，裁缝仅仅做一件衣服时，只要知道怎么做，把衣服做好就行，管理可丢在一边；但如果是服装厂做成千上万件规格、型号、款式、种类不同的衣服，则不但要有一大批懂得怎么做、怎样把衣服做好的生产工人，而且还要有相应的管理人员去进行计划、组织、指挥、协调、监督、考核、奖惩、培训之类的工作，服装厂离开了管理，其混乱与无序是可想而知的。同样的道理，单个的制度，无须费力费神去进行什么对制度的管理，只要在实事求是、合情合理的基础上，把制度制定好并监督执行到位即可。但广义的制度就不同了。广义的制度种类不一，形式不一，效用不一，当它们聚集在一起时，若没有必要的规划、组织、协调，便会群龙无首、各自为政、自说自话；行政部经理制定了一套制度，门卫、司机、食堂背后也制定了一套制度；不同的制度在打架，同一个制度也在搬起石头砸自己的脚。读者诸君切莫以为我是在说笑话，这些可都是我实实在在的亲身经历。

其次，企业作为一个组织所具有的系统性需要我们对制度进行管理。系统性意味着什么？意味着层次分明、上下左右协调和井然有序。协调和有序从哪里来？从制度中来，从善于协调的人中来，并且是制度第一、人第二。有人可能会提出反对，他们会说应该人第一制度第二，理由是制度不但要靠人去制定，而且要由人来执行。我不同意，我所讲的人是指具体制度环境中的人，如果制度先天失调了，扭曲了，也就是对人来说，客观的外在的制度环境失调了，扭曲了，个人在协调上的能动性再大又能怎样？俗话说“没有规矩，不成方圆”正是这个意思。没有规矩或规矩本身就不合规矩，人再能干，也无济于事，也不会有组织的方圆。

既然制度的协调是企业组织系统协调的先决条件，那么对制度的管理就势在必行。因为只有对制度的管理，才会带来制度的协调。譬如一家企业从组织系统的角度考虑，究竟需要多少类、多少个制度？各种不同的制度由谁来制定？按什么样的程序制定？在怎样的理念指导下制定？不同制度之间的相互关系如何？相互间发生冲突时怎么处理？如何修改和废止？谁负责执行与监督？制度的颁布、解释、审查、学习、归档分别由哪个部门负责？等等，都属于制度管理的范畴。毫无疑问，一个企业真要能把这些问题都逐一解决了，其组织系统的协调和有序必定是瓜熟蒂落之事。

☺ 什么是制度管理的目的

制度管理的直接目的有二：一是为了获得合情合理的制度单元。主要体现在各个具体的制度单元不但于出台之初做到适用管用，切实可行，而且于动态变化中能做到持续的适用管用，切实可行。二是为了在不同的制度单元之间保持协调顺畅的和谐关系。主要体现在全部制度单元间既不重叠，不漏项，又前后一致，上下左右连贯，浑然一体。两条其实是一条，其实是一个虽然谈不上完美，至少也算是优越的制度体系的两个方面。

有关制度管理的间接目的且看荀子的一段话：“人，力不若牛，走不若马，而牛马为用，何也？曰：‘人能群，彼不能群。’”“群”是什么？群就是组织。牛马虽然也会一群群地在一起吃草、嬉戏，但它们不懂得像人一样，通过分工协作，通过广义的制度形成一个步调一致、战无不胜的组织，使1+1>2，而且是远远地大于2，所以尽管其力大于人，结果却为人所用。

组织的效率（当然是坚强有力、名副其实的组织），远高于一般未经组织过的群众之上，在今天已是众所周知的常识，无须我们去作过多的逻辑推理。这里只要稍稍指出一条事实就足以证明：亚当·斯密在他《国富论》的开头曾经讲，同样体力、智力的工人生产同一种扣针，不同的是，一方为建立在专业化分工基础上的企业组织内的员工，一方为自给自足的小生产者，前者的工效是后者工效的 240 倍。

企业组织的效率既然远居于单打独斗的个人之上，而广义的制度又是孕育出企业组织的母体，那么，制度管理的间接目的，或者说最终目的自然就该是提升企业组织的效率。

看似平常的观点却具有非同小可的意义。因为人们以往在论及制度的功效时，容易将制度与限制、约束之类的词汇联结在一起，制度似乎就是用来管人的、减少员工自由的。对此，若是从单个制度的目的上讲，也许不无道理。但单个制度的目的不等于制度管理的目的，以制度管理的目的为参照，判别单个制度优劣的最高准则只能是是否有利于组织效率的提升。某一制度，除非它对员工行为的限制和约束有利于企业组织效率的提升，否则就是有害无益的。企业组织绝不能为了限制而限制，而应该为了更好地组织，为了组织的效率而限制。

顺便提及的是，虽然如荀子般的老祖宗们很早就意识到了组织的重要，但中华民族无疑要算是世上最不善于组织的民族。外国人看中国人时，一个中国人是一条龙，三个中国人走在一起就变成了一条虫。原因正在于我们一贯无视组织的重要，不屑于组织，不善于组织，一盘散沙，乌合之众，醉心于窝里斗，人一多，自然便成了任人欺负的虫。这也正是我们要借助制度管理来倡言组织的重要性的原因之一。

☺ 什么是制度管理的要点

制度管理的要点有两类：一类是由管理的共性而来的五大要点——计划、组织、指挥、协调、控制；一类是蕴涵于五大要点之中的、贯穿于制度管理全过程的核心理念——“一严二合理”。对于共有的计划、组织、指挥、协调、控制要点，人们已耳熟能详，只需一带而过。譬如计划，是指围绕制度管理而进行的通盘规划：制度管理体系由哪几个部分组成？不同组成部分怎样协调对接？制度管理的目标和行动方案怎么做？先做什么？后做什么？再如组织，企业制度管理的职能部门是办公室，还是行政部？职能部门在制度管理上应有哪些职责、权限？除了职能部门之外，其他部门在制度管理上的职责、权限是什么？实施制度管理所需要的人、财、物资源有哪些？有限的人、财、物资源如何在不同的部门之间进行高效合理的配置？等不一而足。

对于蕴涵于共有的五大要点之中的“一严二合理”理念，还鲜为人知，实有细细说来的必要。

严表示在制定制度前，要用严谨求实的态度认真调查以符合实际；在制定制度时，要界定好不同制度之间及同一制度的不同条款之间的逻辑关系以衔接顺畅；在制定制度后，要严格按章办事以有法必依。

没有制度制定前的严谨求实，以想象代替现实，制定出来的制度会在现实中触礁。像某些故步自封的乡镇企业老板，不顾所属的城市子企业和乡镇母企业在员工素质和文化背景上存在的大相径庭的事实，不问可行不可行，仅凭自己的一厢情愿，将老家母企业的全套员工管理制度简单照搬进大城市，理当亲兄弟明算账的地方模糊，理当签的合同不签，不免会引起大城市子企业中员工的激烈反对，造成员工流动率长期居高不下。出了问题不懂得反躬自问错了没有，而是一个劲地埋怨大城市员工太小气，太斤斤计较，太难相处，委过于人，真正是错上加错，执迷不悟也！

没有制度制定中的逻辑严密，如“员工手册”上已有了奖惩规定，“车间管理制度”又把它重复一遍；不只是重复，而且前言不对后语。同样是对穿拖鞋上班行为的处罚，“员工手册”上说罚款5元，“车间管理制度”却变成口头警告，使执行的人无所适从。

没有制度制定后的严格执行，心血来潮时抓一下，杀一两只鸡子给猴看；意兴阑珊时抛在一边，睁一只眼闭一只眼。心花怒放时，看见有人违反制度，顶多讲一声，该罚的不罚；心烦意乱时，碰到有人犯错，动辄严肃查处，不该罚的罚了，久而久之，制度便成一纸空文。

严的主题是严谨、严密、严格，而非从重从严意义上的严。治国可以有“治乱世用重典”、“从重从严从快”、“严加惩处”之说，比如法国大革命把不该杀头的路易十六砍了，朱元璋为一桩贪污腐败案一口气杀掉成千上万的人。治国之所以需要重典，是因为当时，社会上有数不清的盗贼、贪官，在多年的政治动乱中日已养成了无法无天、无恶不作的惯性，宽严适中的和平年代法律对他们已失去威慑力。管理企业则不然，既无“治乱世”的可能，也无“用重典”的必要。一家企业如果有了产生“乱世”的条件和发展到了“乱世”的地步，其主要原因不在于员工，而在于核心管理层，在于核心管理层的无能。解决该问题的良药绝非对员工、对普通管理干部用重典所能见效。更何况在竞争激烈的市场经济环境下，也没有“乱世”企业的立足之地，我们不能设想一家“盗贼、贪官”横行的企业，还能叫做企业。

企业管理中被强调需从重从严的情形不外乎：①原来规定的处罚偏轻，如发现有人在企业里打架，仅罚款10元；②原来的规定模糊，如“对顶撞上司的当事人将酌情给予警告、罚款，直至除名的处分”；③产生了原来制度中所没有考虑到的新问题，如技术人员的吃里爬外。不论是哪种情形，略加审视，从重从严的理由没有一个站得住脚。原来的规定偏轻，可通过修改制度，未修改前，按原规定办。规定模糊的，可进一步细化，什么情况下警告、什么情况下罚款一一规定清楚，规定清楚了就不存在从重从严的问题，只要按规定办就行；没有细化前，或产生了原来制度中没有考虑到的新问题仍不能从重从严，而要适中。从重从严了，当事人不会口服心服，达不到治病救人的目的，同时，员工们私下里也会颇有微词，会认为老板太狠了、太苛刻了。须知，毕竟在绝大多数企业的老板与员工之间，客观上存在着不同心的事实！

我们对严的主题的厘清是有其现实渊源的，因为在人治氛围浓厚的中国企业中，我们经常会看到那些为着向老板表现自己忠诚的中层管理者，一有机会便不遗余力，宁左勿右地鼓噪老板大行“严刑峻法”之风，一个原本靠口头批评可以解决的事硬要罚款，原本罚款可以见效的偏要开除，唯恐员工不被逼上梁山或逃之夭夭。“严刑峻法”的馊主意令老板怦然心动的概率很高，不为别的，只为眼前的一点蝇头小利。因为增加罚款也好，扣除工资也好，都是进了老板的口袋。浑不知，正是这貌似对老板有利的“严刑峻法”，带给企业的要么适得其反，要么捡了芝麻丢了西瓜，鲜有半点好处。

合理表示制度管理要符合社会化大生产的规律、市场竞争的需求、人情人性、制度施行过程中的共性，或者换言之，制度管理不但要符合自然之理，而且须符合人性之理。

管理是什么？通俗点讲就是循着企业经营的客观之理，去理顺人、财、物之间的关系。这非常接近于古人的无为而治。无为而治不是消极的不作为，而是“谓其循理而举事，因资而立功，推自然之势也”。何为企业经营中的客观之理？就是社会化大生产的要求、市场竞争的规律、人情人性、制度施行过程中的共性，是自然之理与人性之理的总和。事实上，稍有管理实践的人都清楚，一个企业制定出来的规章制度、业务流程如果违背了社会化大生产的要求、市场竞争的规律、人情人性、制度施行过程中的共性，不但会导致效率低下、产品质量下降、成本上升、回应客户需求的速度缓慢、消费者投诉的持续增加，而且要为员工所深恶痛绝，遭到明里暗里的抵触，无法付诸实行。

相比于自然之理，对人性之理的遵循则更为重要。从管理的对象上来讲，管理归根结底是管人，先管好人，然后通过人去管好财与物。管理既然是管人，就必须了解和洞察人情人性，古人说“人情练达即文章”，我要说懂得人性即管理。譬如，春秋时候的孟孙（孔子时期，鲁国的三大权臣之一）捕获了一只幼鹿，指派手下一个叫秦西巴的人带着它回家。失去幼鹿的母鹿一路跟着秦西巴哀鸣个不停，直叫得秦西巴于心不忍，私自将小鹿放归山林为止。孟孙知道后大怒，一气之下赶跑了秦西巴。可是一年后，又出人意料地将秦西巴召回来做了他儿子的老师。旁边的人大惑不解，问孟孙：“秦西巴对君王是有罪的，现在却任命他为太子傅，为什么呀?”孟孙回答说：“他能因为一只幼鹿而于心不忍，又怎么能忍心于我的儿子呢?”孟孙可算是真正能洞察人情人性，并运用于管理的大师了。

在如何看待人情人性的问题上，有两点显得特别重要：一是要充分理解并尊重人性中自私自爱的一面。人的自私自爱犹如食色一样是一种谁也否定不了的客观存在，乃人之天性。员工有自私自爱的天性很正常，不正常的倒是企业对员工自私自爱天性的视而不见或有意识的压制。那只能使事情变得更坏，使员工表里不一，离心离德。明智的做法应当是管理者在尊重员工自私自爱天性的基础上，将其链接到企业目标的达成上去，因势利导，顺势而为，实现企业与员工的携手共进。

员工自私自爱的天性之于企业的积极作用，也可由斯密就“看不见的手”所作的著名论述获得进一步的佐证：“每一个人……既不打算促进公共的利益，也不知道自己是在什么程度上促进那种利益……他所盘算的也只是他自己的利益。在这种场合下，像在其他许多场合下，它受着一只看不见的手的指导，去尽力达到一个并非他本意想要达到的目的。他追求自己的利益，往往使他能比在真正处于本意的情况下更有效地促进社会的利益。”

员工自私自爱的天性体现在制度管理上最主要的莫过于实行真正彻底的权力制衡。权力制衡早在我国盛唐时期的中央政府中，就有了一定意义上的实践。当时的朝政主要分掌在三省，即中书省管决策、尚书省管执行、门下省管审核，粗看之下这种三权分掌的治理结构与当代民主政体里的立法、司法、行政三权分立颇有几分相似，其实由于我们老祖宗的三权分掌是建立在“一言偾事，一人定国”的皇权帝制之上，所以根基不稳，一切随个人意志的转移而转移，不可能立之于长久，与当代民主政体里的三权分立有着本质的差别。犹如李斯的法治虽严密有力，但一离开秦始皇的个性化支持，立马就土崩瓦解，烟消云散。

我国盛唐时期的权力制衡是一种有限的权力制衡，一种不彻底的权力制衡。这种先天不足的权力制衡对华人企业至今仍有着相当的影响，像台湾企业中常见的只对老板一人负责，直属于老板的监察机构。虽然从表面上看，这样的监察机构与除老板之外的行政、业务部门处于一种对等平行的地位，能做到以权力制衡权力，但缘于对老板自身约束的软弱无力，而老板自身又不可能是百分之百的耳聪目明，又不可能不受企业中种种非正式渠道意见的左右，顶真碰硬的很可能由于得罪的人多，成为众矢之的。因而监察的作用便大打折扣。这就是我要在权力制衡前加上“真正彻底”四个字的原因所在！

二是中国人提到人情人性往往有天（自然）人合一的想法。其中最具代表性的当数老子。两千多年前，当有人求教于老子如何才能让自己立于不败之地时，老子张开他那已经掉光了牙齿的空洞洞的嘴巴，跟来者说：“吾齿存乎?”来者摇头。老子又说：“吾舌存乎?”来者点头。在这个古老的传说中，老子是想用牙齿不如舌头长寿，舌头因而胜过牙齿的事实，来阐明柔胜刚，弱胜强，甚至无为胜有为的道理。

果真如此吗？老子为什么不想想人死了以后，是代表柔弱的肉先烂，还是代表刚强的骨头先烂？难道长寿与否能作为衡量牙齿与舌头谁胜谁负的唯一标准吗？如果是，那么代表着刚强的狮、虎、豹之类的动物都得匍匐于软弱的千年老乌龟之下才对。退一步讲，即使舌头真的胜过了牙齿，也不能就此证明人事上的柔胜刚，弱胜强，无为胜有为。

依照物质世界的一般性，人事与物事固然有着不少相融相通的地方，但人终究是会思维、会说话的高级动物，人事归人事，物事归物事，人事与物事绝不能相提并论。天底下“姜还是老的辣”基本上没错，但由此天人合一出“人还是老的行”则大谬不然。普天之下老糊涂、老顽固多的是，特别是当代日新月异的知识经济社会，人老了，弦也调不准了，赶不上趟的现象比比皆是。所以，我觉得，管理企业既要充分地理解并尊重人性，又要防止简单地以自然现象、自然规律来推测人性。

有了对自然之理和人性之理的尊重，制度及不同制度之间的合理性问题则基本获得了解决，但还不够，还要再加上对制度施行过程中的共性的尊重，才会有整个制度管理的合理性。

制度施行过程中的共性有：有法必依、违法必究；制度面前一视同仁；威宜自严而宽、先宽后严者人怨其酷；其身正不令而行，其身不正虽令不从；上行下效、榜样的力量是无穷的；身教胜于言教；君子之德风，小人之德草，草上之风，必偃……太多的我不说，只提两点：一方面要为制度确立起牢固的权威。对此，我国古代有着大量而丰富的积累，非常值得今天的人们去学习和借鉴。像太公曰：刑上极，赏下通。意思是该惩罚时，不论被惩罚的人地位有多高，该奖赏时，不论受奖赏的人地位有多低，都必须照罚照奖不误，这样才能牢固树立起制度的权威。还有如孙武为申明军纪计，连杀了吴王的两个爱妃；商鞅为了让新法取信于民，借移动一根木头的机会，不惜重赏给当事人五十金等不一而足。

一方面须尽可能使用标准化术语。正规部队里的上传下达、军令一竿子到底不走样是有口皆碑的，不像地方上，一个政令从顶层向底层传达时，每一层有每一层的理解和增减，到最后难免不面目全非。在正规部队的军令传达上，十分强调标准化术语的运用，凡标准化术语的含义都有明确无误的阐释，不允许有随意的更改。我们很多的企业管理人员只晓得羡慕部队的上下协调一致，但不知其组织严密、军令传递不走样的所以然。有位人事经理，为着弘扬自己文采的缘故，竟然就他负责的企业文化一事，分别于岗位描述、职责和绩效考核表内，采取了三种不同的表达：负责企业文化的建设、负责企业文化的规划和推广、负责企业文化的培育。这一来，词汇当然是丰富了，但由此造成的误解也会多起来。好处多多的标准化术语至今仍游离于企业的制度建设之外，实在是一大憾事。

纵观我们对“一严二合理”的详细阐述，严与合理其实是制度管理中一个问题的两个方面，严不是单纯的逻辑上的形而上的严，而是从严谨求实的态度出发，内含了合理的严；合理也不是孤立的片面的合理，而是系统的逻辑的合理；只有严与合理的水乳交融与唇齿相依，才能真正被制度管理念念不忘，成为货真价实的制度管理理念。

☺什么是制度管理的难点

难点与要点不同，要点是制度管理中重要的地方，关键的地方；而难点却是制度管理中难以做到的地方，经常产生偏差的地方。细想起来，制度管理的难点至少有六：

难点一：让制度管理的理念深入人心。我对理念有着自己独特的理解：一个人念念不忘的道理，作决定作报告时首先想到的道理就是他拥有的理念。以此为标尺，被赋予了全新意义的制度管理从问世到广为人们所接受，到熟记于胸和付诸于行，肯定不是一帆风顺的事，中间会有一大堆困难在等着它，等着和它作激烈的较量，直到最后反对它的人们都相继死去，一代新人已成长起来，它方能云开日出，终成正果！并且，我们相信由于这一难点的存在，其他难点的出现就变得不言而喻，不可避免。

难点二：权力制衡。如果说中国企业的“三会”，因为受传统专制文化的影响常常被异化为实际上的一权独大，那么欧美企业里的“三会”缘于受厚实发达的民主法治熏陶，理应要名副其实而三权均衡，以权力制约权力了。其实不然，欧美企业虽有着相对合理的权力分配体系，但由于受利益的驱使，特别是存在大股东操纵的情形时，看似管用的权力制衡也会失灵，一样会让企业的自我免疫功能丧失殆尽。如美国的安然事件、英国的巴林银行案等。

此外，企业即使不为经济利益的考虑，单从提高自身的应变能力出发，有时也很难平衡好内部的权力分配关系，如兴起于20世纪60年代的CEO就是一例。CEO是什么？CEO就是介乎传统董事长与总经理之间的一个角色，其在分享了董事会部分决策权的同时放弃了总经理的部分执行权。为什么需要CEO？因为在一个瞬息万变、信息成几何级数增长的市场环境中，以往的“董事会决策，总经理执行”模式反应迟缓，已不能适应竞争的需要。CEO好是好，问题是权力集中后，企业的风险也随之增大，怎么办？强化监督。但强化监督反应速度又慢了，又回到了原来的出发点。可见，既能为企业构建良好的自我免疫功能，又可充分满足科学决策、快速反应之需的权力制衡远非一件轻而易举之事。

难点三：合理的前提在认理、识理、弄清什么才是企业现阶段应当遵循的具体之理。鲁迅先生曾说过：“《红楼梦》单是命意，就因读者的眼光而有种种：经学家看见《易》，道学家看见淫，才子看见缠绵，革命家看见排满，流言家看见宫闱秘事。”平时，我们对亲眼所见的东西大多会深信不疑，殊不知恰恰是我们的眼睛给了我们太多的欺骗。因为我们所看见的取决于我们想看见什么，我们在固有心智模式的指导下对观察对象不知不觉地作了选择。在我们全部的所见所闻中，真正能留下印象的都是与我们的先入之见、固有理念密切相关的景物。做服装生意的，满大街都是服装店；推销药品的，满眼都是药店和医院。虽然从大的方面讲，我们都知道企业所要合的理是社会化大生产、市场竞争的规律和人情人性，但具体到每个企业的每个具体之理恐怕就不那么容易了。尤其是千变万化的人情人性，什么食色性也，什么人之初性本善、性本恶也等固然可用作参照，但对企业的制度管理而言还嫌过于笼统和抽象，还要进一步细化。进一步细化，当局者就可能受到利益与视角的局限。在利益的驱使下，高高在上的当局者，有多少能将心比心、设身处地、换位思考、推己及人呢？有多少不是只知道自己的需求，而无视他人也是人，也有相同的需求呢？

即使没有利益与视角的局限，普遍规律的具体化也会受控于当局者的经验和能力。譬如，我们都知道沟通的重要性，但日常工作中，我们怎样用一些看得见、摸得着的具体之理去要求、考核员工？我稍稍总结了几条，放在这里和读者诸君共享：①主动跟别人打招呼；②经常保持亲切的微笑；③能非常耐心地听他人讲话；④善于用通俗易懂、简明扼要的语言表达出自己的观点。再如，合理安排生产计划差不多是所有企业对生产部经理的一个基本要求，但到底怎样才能算是合理安排呢？这就需要将抽象的“合理”要求具体化，具体化为：①不能有延期交货的事件发生；②除去采购部门的原因，不能让装配车间停工待料；③成品、半成品库存控制在定额的范围内（零库存更好）；④不能下错生产任务单等。没有多年的实践积累和用心思考，当局者很难在普遍规律的具体化上做到“精准”两字。

难点四：制度管理的度。烹调过程中最难掌握的是火候，制度管理中最难掌握的是度。什么是度，借用曹雪芹描写林黛玉的一句话：“增之一分则嫌肥，减之一分则嫌瘦。”可见，对度的把握太难了，稍有不慎，企业的制度管理不是宽了就是严了，不是粗了就是细了，不是松了就是紧了，不是密了就是疏了。普天之下，真正能将制度管理中的宽严、粗细、松紧、疏密关系把握得恰到好处的人们有多少啊？俗语说：台上一分钟，台下十年功。诚斯言哉！

难点五：企业变革中的制度管理。中国的国有企业因为缺乏活力，所以需要变革。变革本来是件好事，但由于变革中过分强调活力，从一个极端走向了另一个极端，以致连必不可少的制度、制约都抛弃了，凡事任由主导变革的能人说了算，企业于短期或许也增强了活力，甚至其兴也勃；长期却弊窦丛生，失掉了可持续发展的基石，成了大大的坏事，进而其亡也忽！企业变革中的制度管理之难在破旧立新虽然应该，但立新不能突兀和莫名其妙，破旧亦不可随便与悄无声息，一切都得在有序法治的层面上展开，有礼有节，首尾相连。要不，很可能在泼去脏水的同时把盆里的小孩也一块倒掉了。

难点六：特殊情况的制度化处理。企业碰到的特殊情况通常有两种：借口情况特殊的特殊情况和真真切切的特殊情况。对于前者，当然是按制度办。不但要按制度办，而且必须旗帜鲜明地反对任何形式的借口特殊情况来反对或抵制制度的企图。对于后者，依然可以按制度办，无论是有关特殊情况的认定和处理特殊情况的流程，还是就特殊情况进行处理的结果对未来的示范，都应该上升到制度的高度。像突发事件就是一种典型的特殊情况，对突发事件的妥善处理就包括突发事件的认定标准、突发事件的报告制度、突发事件的处理流程、突发事件的处理预案、突发事件处理情况的评估总结等。

难点七：制度管理的成本效益核算。企业有形成本核算可以做到丁是丁、卯是卯，清清楚楚，明明白白。但像制度管理这样的无形成本核算就难了，涉及的因素很多，很抽象，很难用定量的方法去描述清楚，至多能进行一般的定性分析，但尽管如此，制度管理的成本效益却也是真真切切存在的，并非是子虚乌有的事。

☺ 为什么说“制度不败”

制度不败的名词解释：制度管理使企业立于不败之地。

（一）制度不败的理论依据

孙子说："昔之善战者，先为不可胜，以待敌之可胜，不可胜在己，可胜在敌……故善战者，立于不败之地。"

凭借严密的防守，让自己先立足于不败之地，令敌人无空子可钻，无法将自己击垮，然后，再耐心等待并努力抓住敌人的可乘之机，最终将敌人消灭掉；立于不败之地是百战不殆、百战百胜的前提，是所有常胜将军的第一要务；立于不败之地的主动权在我们自己，有无获胜机会的主动权一半在主观一半在客观；立于不败之地不等于立于胜利之地，不败的含义仅仅是不可能被敌人打败，至于能不能打败敌人，还得看其他的情况而定。

商场如战场，商战中的企业要想为自己赢得可持续发展的广阔天地，也得像常胜将军们那样先考虑如何才能让自己立于不败之地，立于不易被市场的风浪刮倒、不会被竞争对手打倒的稳固之地。有了立于这般不败之地的保证，然后再从容不迫于市场，一边审时度势，创造优势，一边稳扎稳打，步步为营步步高。

企业立于不败之地靠什么？靠我们所讲的制度管理！因为只有我们所讲的"一严二合理"的制度管理，才是企业立于不败之地的不二法门！

"一严二合理"的制度管理标志着企业是一个精干高效的组织。精干是组织架构与人员的精干，不大不小、不肥不瘦、不多不少，应有的部门、岗位都有，不应有的一个也不会有。高效是人员和业绩的高效，以客户为导向，目标明确、快速响应；以结果为导向，奖勤罚懒、优胜劣汰。如果说机械科学研究的目的是如何把不同的零部件组装成一台高效率的机器，那么制度科学的目的则是怎样把不同专业技能的人编排成一个高效率的组织。制度科学先是根据组织科学原理设计出与目标市场、企业规模相匹配的组织机构；再通过公平竞争的选人机制把适用的人才放到适合的岗位上；然后依靠客观公正的考核、分配制度让每个员工尽心尽力，从而取得企业效率的最大化。效率的最大化既是制度管理的孜孜以求，也是企业作为一个组织存在的价值所系。

“一严二合理”的制度管理标志着企业是一个协调、和谐的组织。相当多的企业或者说铺天盖地的管理培训在谈到协调时，往往过多地重视了个人的主观作用，而忽略了制度与流程的客观作用，本末倒置。他们不懂得在个人与制度、流程的关系问题上，应该是制度与流程的协调在先，个人的协调在后的道理。企业只有以制度与流程的协调为基础，个人的协调意识和能力才有进一步发挥的空间，不然个人的协调意识再强、能力再高，总还是先天失调，于事无补。贯穿于制度管理始终的“一严二合理”理念，从根本上保证了制度与流程的协调。有了制度与流程的协调，再加上企业员工的自觉执行与维护，部门间、部门与个人间、个人与企业间、个人与个人间、企业与外部客户间便少有距离可言，其相互关系因而也会和谐、协调。

“一严二合理”的制度管理标志着企业是一个滴水不漏的组织。企业无疑是一个经济效益第一的组织，企业的经济效益来源于两方面：开源和节流。“一严二合理”的制度管理好比一张大小适中、疏密相宜的网，一方面，它以客户为导向、以结果为导向、快速响应的业务制度与流程，能使之在目标市场上网到尽可能多的鱼；另一方面，它强有力的监督制衡、防渗防透机制，又能有效地使捉到手的鱼不至于漏出网外。滴水不漏虽略带夸张，能将不必要的损失减少到最低限度却也是真的。一句话，站在开源的角度，它是一棵摇钱树；站在节流的角度，它又是一只聚宝盆。俗语说得好：外面一棵摇钱树，里面一只聚宝盆。这句话用来描述“一严二合理”的制度管理，再恰切不过。

“一严二合理”的制度管理标志着企业是一个风雨不动安如山的组织。有位人事经理因为员工流动率居高不下的缘故，正准备给老板一些合理化建议，岂知老板一句“没关系，铁打的营盘流水的兵”

便将他噎了回去。他委实需要再斗胆问声老板："铁打的营盘流水的兵固然不错，但我们的企业能算是铁打的营盘吗？"铁打的营盘不等于凡营盘都是铁打的呀，相反，倒是泥塑的、草结的营盘在中国企业界占了大头，要不怎么会有那么多短命的企业呢？判别一个企业是不是铁打的营盘的最重要依据在于其有无稳定的法治。有，则是；没有，则不是。

在拥有了稳定的法治的企业，个人的权威虽然对企业的发展具有一定的促进或阻碍作用，但无疑不会是根本的，根本的、起决定作用的是法治的权威。法治的权威不但远远高于个人的权威，不受个人权威的左右，而且傲然独立于流水的官、流水的兵之外。譬如，通用电气公司的法治，绝不会因为韦尔奇个人权威的高涨而黯然失色，韦尔奇也好，伊梅尔特也好，都只能在通用电气的法治框架内赢得他们的价值。并且，通用电气的员工也是先尊重法治，后尊重个人，他们断不至于像中国企业的员工们那样：只听老板的，企业制度去他的！有观念认为中国企业有别于欧美企业，不能缺少了个人的权威。错了，大大的错了！眼下的中国企业之所以还离不开个人的权威，不是他们本质上需要个人的权威，而是个人权威的存在阻碍了法治权威的建立，法治的权威一旦建立，个人的权威就无足轻重，乃至变为多余。

稳定的法治与不稳定的人治的最大区别在于：前者由齐头并进的董事会、监事会、总经理共同支撑起企业，后者由董事长兼总经理兼监事长（或干脆没有）一人支撑着企业；前者是三点构成一个稳定的平面，后者是一人独唱一台戏，独木难支，摇来晃去。稳定的法治只能脱胎于我们所讲的制度管理，而不是平常的制度。人治中一样有各式各样的制度，像封建王朝的女人与太监不能干政、嫡长继承制，但人治情形下的制度由于朕即国家、言出法随等诸多弊端，所以总是经不住人治的风吹草动。我们所讲的制度管理就不同了，它通过对制度本身的管理，通过在"一严二合理"理念的指导下，对制度体系的精心设计和监督实施，牢固确立起以权力制衡为基石的法治，风吹雨打不动摇。

“一严二合理”的制度管理标志着企业是一个生生不息的组织。制度带给人的感受往往是死的，诸如规定得太死了、规定死了、规定是死的之类的声音常不绝于耳。的确，从不知变通、缺乏弹性、一视同仁、不可更改的意义上讲，制度自有它死的一面，但切莫因此忘记了它鲜活的、生生不息的另一面。我们所讲的制度由于内在蕴涵了一系列自我创新、自我否定的因子：制度的试行及合理化建议征集、制度执行情况的评估分析、对制度合理性的定期审查及制度的修改程序与条件，因而能与时俱进，生机无限，绝不会一成不变、一潭死水。但有必要指出的是，同样的制度修改，人治是听凭高高在上的人随时随地、随心所欲地改；法治是按规定的程序改，有礼有节地改，遵循理性地改，两者有着天壤般的区别。

当一个企业具有了精干高效、协调和谐、滴水不漏、风雨不动安如山、生生不息的优势时，如果不是不以人的意志为转移的天诛地灭，市场上又有什么力量能让它尝到失败的滋味？没有，根本就不会有！

既然“一严二合理”的制度管理是企业立于不败之地的不二法门，并且“一严二合理”的制度管理又全靠企业自身的主观努力，因而，企业立于不败之地的主动权同样与孙子的“不可胜在己”相吻合，也在于自己的精心打造。

（二）制度不败的事实依据

严格地讲，因为企业层面的制度管理是我的首创，所以完全的、货真价实的制度不败事实还谈不上。虽然如此，但与之相近的，或者说无其名有其实的、自发的制度不败事实却也能找出一二。远在天边的欧美企业有很多，暂且丢开不谈，单举我们近在咫尺的身边事。

2002 年的时候，联想的柳传志有段话给我留下了较为深刻的印象："20 年的中国企业剩下的已经不多了，被淘汰的要么是适应不了环境，要么是在管理方面出了问题。现在能找到的、说话有一席之地的，都是花了很大的力气，在研究真正的企业管理、企业运行规律的，我觉得这才是人间正道。"

现在看起来，他说得还不够，他应该再进一步指出"现在能找到的、说话有一席之地的，都是花了很大的力气，在研究真正的企业管理，特别是在坚持以制度管理企业上始终不渝的"才更有针对性，更能抓住问题的核心。

我自 1986 年退役返乡的 20 年来，一直在企业谋生。我先后接触或耳闻目睹了一长串企业，纵观他们的成败得失，给我最大的感受就是：在一个农耕文化厚重发达的国家和一个尚不算成熟的市场上，谁率先向"人治"告别，谁率先选择"以制度去管理"，谁就一定能芝麻开花节节高，直至登上行业的首席。

我没有丝毫的夸大其词，我熟知的两家企业的不同命运即是有力的明证。一个早先的产品利润高，行业正处于上升期，现代化的生产设备，花园式的厂房，门庭若市，高朋满座，一派欣欣向荣的景象。只可惜好景不长，原因在于它缺少与表面的繁荣相匹配的管理，看得见的硬件是现代的，看不见的管理却是原始的。原始到什么程度？原始到一个小小的仓库保管员就可以在未经批准的情况下，与业务员串通一气，擅自把几十万元的货发出去，后来，若不是业务员与沆瀣一气的经销商闹翻而东窗事发的话，根本就神不知鬼不觉。外部竞争宽松时，内部管理混乱尚能凑合着过；外部竞争趋紧时，管理依然混乱就只有关门大吉！

另外一家企业早先的产品利润并不高，行业已处于饱和期，略显老态的生产设备，颇为拥挤的厂房，虽人来人往，但高朋罕见，然而却笑到了今天，且越笑越灿烂。原因在于它趁早抓了两件事：以制度管理企业和强化员工培训。它不管别人如何地意气风发，如何地大谈跨越式发展，我自岿然不动，我自踏踏实实抓制度。抓到什么程度？一般意义上的严格与细致都不在话下，直抓到能决定老板生杀的父母官上门，一样为乱停乱放被捅破车胎，真正是六亲不认，铁面无私了。这样的以制度去管理，他不上谁上？他不登上行业的首席谁登？

一家坚持“以制度去管理”的中国企业，就能于短短的十多年间稳步登上行业的首席，更遑论道高一丈的“制度管理”了。当然，这是在人治习惯普遍的中国，矮子里面出将军比较容易些，如果是换成法治气氛浓厚的欧美，恐怕会另当别论。但不管怎样，以“一严二合理”的制度管理企业，让企业达到不败的地步应该是百分之百的。

我个人的见闻也许受视角的局限不足为凭，我恳请所有与我有着相似经历的读者诸君和我一起平心静气地想一想，我讲的是不是事实？你们听到的、看到的是不是与我有着惊人的一致？我手头有篇名为《远大：制度化生存》的文章，其中有几段既能给我的论证助一臂之力，又能给人以有益的启示，值得一录。

张跃对制度的推崇确实到了固执，甚至偏执的地步。在远大，从生产到非生产，从大事到小事，每一项工作都精益求精、追求完美。比如接待外来参观人员，事先要根据对象制定专门的、唯一的接待程序。参观团什么时候到哪里参观，由谁领路，参观多长时间，每一个环节作出了计划，进行精心准备和安排。“我一直觉得一个企业最强的不是它的技术，制度才是决定你这个企业所有活动的基础。有没有完善的制度，对企业来说不是好和坏之分，而是成和败之分，要么成要么败！没有制度是一定要败的。”张跃说。

张跃认为，如果企业没有制度，在某一段时间也许能混下去，甚至在某一阶段、某一件事情上，还会显得很有效率，但是从长远和整体上来看显然是不行的。所以领导者一定要非常投入地去建立制度体系，非常忘我地去维护这种体系。这种维护有时候是要有决心的，因为任何事情都会有负面的东西。也许会有某些事情因为制度不够科学和完备，结果照着做却做错了。但如果没有制度的话，错误犯得还会多一些。确实经常有人讲："哎呀，这个制度是不是太苛刻了，你看这件事情就是因为这个制度的限制而办错了。但是我坚决认为这不是制度的错，如果说是它的错的话，那也是由于制度不够周密、不够完善、不够细致造成的。"

在远大，制度无所不包，就连在张跃父母家工作的保姆都有章可循。当我们应邀到他家做客时，他指着两位整齐亭立的姑娘说："她们是负责家务卫生的。我对她们的工作都有评定的标准：窗台、书柜每天擦两次，才能保持清洁。"

远大有一个独立的制度化统筹委员会，专门负责涉及日常管理方面的各类规章制度的编写以及各类表格的修订。

在远大，制度的建立和完善不仅仅是公司领导和统筹委员会的事情，每位员工都直接或间接地参与了文件的起草，任何人发现制度中的错误或感觉条文不合理时，都可以提出或参与文件的编制、更改。修改过的文件由相关部门领导审核，公司领导批准，资料室发放。公司制度化委员会指导全过程。

为适应公司内外情况的变化，远大公司对受控文件要进行年审，年审合格后方可使用；有的文件一年内甚至要改两三次。

在行将结束我们对制度不败一章的论述时，有读者可能会产生些许疑惑：你讲了这么多的制度管理，为何唯独不见你对怎样制定制度的半点想法，难道在你心中有关制度的制定竟是不值一提的吗？非也，恰恰相反，我觉得制度的制定不但十分的重要，而且还相当的不简单，尤其是要制定出我们所讲的蕴涵了"一严二合理"理念的制度。我之所以没有去讲，是因为讲的人已经太多，差不多汗牛充栋，浩如烟海！况且，除了将理念付诸行动外，我委实也讲不出什么新意，于是只好三十六计，省心为上了！

我们所讲的制度管理明显不同于通常意义上的制度管理，为此我愿以案例点评的方式作进一步的说明。长沙远大作为我国民营企业的代表，其制度化生存的历程更有利于我们的论述，对中国企业也更具启发性，详见附录一。（本书中的所有附录均来源于互联网，除已标明的作者外，其余不详，对于文中信息的真实与否，本人一概无力负责，特此敬告。）对此不感兴趣的读者可直接跳转到后面去看。

附录一

文一：

远大——制度化生存

在人们的眼中，坐落于长沙东郊的远大城如同“乌托邦”。在这里，有名曰“方舟”、“地中海会所”的宾馆；有名为“理想号”的船形的员工俱乐部；还有玻璃结构的金字塔形博物馆和欧式建筑的管理学院。整个工厂一尘不染，那种极度的整洁和秩序是绝对超乎想象的，你甚至见不到一个烟头或一张纸片。大面积的草坪在寒冬中依旧是一片碧绿，草坪里还有音乐系统，并装有地灯。

也许你认为这一切似乎太夸张，甚至是“形式主义”，但你必须承认：实现和保持这种环境，不是任何一个企业随随便便就可以做到的。在它的背后，我们已经可以感觉到一个庞大而有效的制度体系的存在。

【我是一个非常严格的人】

“理想号”俱乐部的一楼是一个很大的自助餐厅，从总裁张跃到员工都在这里免费用餐。中餐和晚餐都是八菜一汤，虽然每天要变换花色，但都必须依据一套完整的“远大每周食谱”。餐厅职工必须遵守工作流程与行为规范；餐厅的操作间是透明的，所有人都可以透过玻璃窗看到他们的一举一动。就连员工的用餐时间也有严格的规定。这庞大且有效的制度化体系，是从1996年开始，由一个独立的制度化统筹委员会用了六年多的时间，才逐步建立起来的。“当你建立起一些基本的制度之后，你就会发现还有许多地方都需要规范，也就有了越来越多的制度。”远大总裁张跃说。

从今天企业的规范化、制度化到直燃中央空调，似乎难以想象张跃早年学的是西洋油画——一个追求浪漫完美、富于创意的艺术专业。唯一让你有艺术遐想的是他的远大城的设计美轮美奂、精妙绝伦，可以说是张跃的杰作。浓厚的艺术背景与现今远大这庞大的制度体系居然同出一身，的确让人匪夷所思。据张跃说，这与他的个性有关：他从小就是一个做事严谨的人，就连写日记也要改上十遍，因此看到别人写信不用打草稿，他一直十分不解；在张跃当美术老师的时候，他也是像其他学科的教师一样认真备课，认真对每个学生进行摸底后才作出严格的教学计划，尽管学校没有任何要求；其后在他为别人画广告赚钱的时候，他也是一定详细问人家的打算，再把要求一笔一画地写下来，而且也一定要打草稿。“这些习惯是与生俱来的，我一直就是个非常严格的人。”张跃说。

【可以失去机会，但不能错】

1995年的时候，曾经发生过这样一件事：一台运料汽车在厂区里面漏了油，吃中餐的时候，几百名员工路过那里都看见了一大摊油迹。后来张跃也看到了，马上火冒三丈，下令以这件事情作为公司的典型教材，召开全体管理人员会议来谈这个问题。张跃认为，如果哪一天发现在远大的路面上有一摊油，或者有一摊泥土没有人去打扫，而又恰巧被正在上下班的几百名员工看见了，这将比远大一台机器发生重大质量事故还要严重，因为这会给员工留下一种印象：公司对质量要求不苛刻！那么他在工作中间就可以随便一点，有意无意地可能就会多少犯一点错。试想，一千多个工人当中，七八百个工人都犯一点点错，这对企业的发展乃至生存意味着什么？如果在关键的时刻出这样的问题，整个企业都会被毁掉！所以必须严肃对待，也必须制定严格的制度。对这件事，人们至今仍然印象很深，因此类似的事情后来远大就再也没有发生过。

张跃认为："企业里的事情都是连贯的，哪一件做不好，它都会产生负面影响，无论这件事有多小！"所以，制度一定要严格。"像远大这样的制造企业，如果松散的话就会出问题，尤其像我们这样质量要求苛刻的产品，工作细腻和严谨应该说是它的生命。我们的员工是从四面八方来的，带着各式各样的个性、各式各样的想法、各式各样的习惯，如果说不把它统一、协调到一起，情况真的会很糟糕。"

张跃认为万事求源。"每一个过程，尤其是每一个根本性的东西你不能错。你可以进步晚一点，你可以丧失一些机会，但你不能错。这一点我很固执。"

【没有制度是一定要败的】

张跃对制度的推崇确实到了固执甚至偏执的地步。在远大，从生产到非生产，从大事到小事，每一项工作都精益求精、追求完美。比如：接待外来参观人员，事先要根据对象制定专门的、唯一的接待程序。参观团什么时候到哪里参观，由谁领路，参观多长时间，每一个环节都作出了计划，进行精心准备和安排。"我一直觉得一个企业最强的不是它的技术，制度才是决定你这个企业所有活动的基础。有没有完善的制度，对一个企业来说不是好和坏之分，而是成和败之分，要么成要么败！没有制度是一定要败的。”张跃说。

张跃认为，如果企业没有制度，在某一段时间也许能混下去，甚至在某一阶段、某一件事情上，还会显得很有效率，但是从长远和整体上来看显然是不行的。所以领导者一定要非常投入地去建立制度体系，非常忘我地去维护这种体系。这种维护有时候是要有决心的，因为任何事情都会有负面的东西。也许会有某些事情因为制度不够科学和完备，结果照着做却做错了。但如果没有制度的话，错误犯得还会多一些。确实经常有人说：“哎呀，这个制度是不是太苛刻了，你看这件事情就是因为这个制度的限制而办错了。”但是我坚决认为这不是制度的错，如果说是它的错的话，那也是由于制度不够周密、不够完善、不够细致造成的。

【每个细节都要标准化】

在张跃眼中，企业整体的每一个活动都是可以无限细分到每一个员工的每一个动作上的，因此对每一个个体细节动作的程序化和标准化就显得异常重要。制度化的好处是降低了管理的成本，提高了效率。更重要的是，这套标准化制度体系减少了在信息传播和命令执行过程中因随意性而造成的损耗和误差。对于远大这种极其强调系统稳定性的工业企业来说，这种管理模式应该是它得以持续稳定发展的关键之一。至少，业务流程的标准化可以使员工在需要重复进行的工作中做到比以往不倒退。

在远大，制度无所不包，就连在张跃父母家工作的保姆都有章可循。当我们应邀到他家做客时，他指着两位整齐亭立的姑娘说：“她们是负责家务卫生的。我对她们的工作都有评定标准：窗台、书柜每天擦两次，才能保持清洁。”

远大有一个独立的制度化统筹委员会，专门负责涉及日常管理方面的各类规章制度的编写以及各类表格的修订。

远大制度化文件涉及了每个远大人的工作、生活和行为规范。到目前为止，公司共有文件 496 份，计 2873 条、9000 多款，共计 60 多万字，以及应用表格 669 个，每份表格均附有填表方法、传递方式、批准程序、执行要求等，覆盖每一位员工的每一项活动。

每个员工在企业里的每一项活动都可以随时找到相应的表格来指导执行。在车间有工位告示牌，告诉你工作流程、你所担负的责任、你需要完成的任务；在宿舍有环境及生活告示牌，告诉你清洁、用电和作息时间等；如果你要出差，你可以随手从表格箱里拿一张表格，上面有几十项目录：你该带什么东西，该做什么，该汇报什么，都一一注明。记者注意到，负责接待我们这次采访的王小姐，这一次最少也要填三张相应的表格。

由于文件分类清晰、条款分明，任何人打开电脑或翻阅目录，只需极少时间就可查到所需的文件内容。而常用的表格可从设于生产、生活场所的数十个表格箱里信手取到；至于常规工作要求，则可从随处可见的“设备告示牌”、“环境告示牌”等看板上读到。

【制度，不仅仅是老板的事】

远大有关制度规定：不许明知文件有错而不更改，发现文件有错应立即修改，或边修改文件边按正确方法工作；任何人均可提出文件修改申请，履行审批手续后即可更改文件。

在远大，制度的建立和完善不仅仅是公司领导和统筹委员会的事情，每位员工都直接或间接参与了文件的起草，任何人发现制度中的错误或感觉条文不合理时，都可以提出或参与文件的编制、更改。修改过的文件由相关部门领导审核，公司领导批准，资料室发放。公司制度化统筹委员会指导全过程。

为适应公司内外情况的变化，远大公司对受控文件要进行年审，年审合格后方可使用；有的文件一年内甚至要改两三次。另外，某一个部门的创新、某一项技术的创新，只要涉及到相关部门，相关部门就会迅速对相关文件作出相应调整。当公司模式变化不大的时候，文件改动得不多，而公司模式变化较大时改动得则比较多。但有一点：远大公司对与员工利益相关的东西和大的原则，不会轻易去动它。这一点会保持相对稳定。

【企业文化就在制度里】

张跃认为："一个企业不想长久经营，制度可以不要；如果要长久经营，就必须要有制度；如果你永远是一个小企业，也不需要有制度。企业的制度与企业文化有着直接的因果关系，对待制度的态度是企业文化的重要内容。"

当制度内涵未得到员工的心理认同时，制度只是管理者的"文化"，至多只反映管理原则和规范，对员工只是外在的约束。当制度内涵已被员工心理接受，并自觉遵守与维护而形成习惯时，制度也就凝固成为一种文化。

在远大，一个普通的销售人员的发货程序是这样的：当客户付清预付款，就要向销售公司下"合同摘要"，"合同摘要"详细地列明了型号、特殊要求等机组情况以便工厂安排生产。接下来，每月15日编制的"机组发货计划表"，以及发货前提交的"准备发货通知单"都会不断提醒他要关注机组发货进程。而"远大供货三落实单"、"提货日期确认书"更要求他把发货及客户付款事宜彻底落实，以免出现任何差错和延迟而影响正常供货。

远大的制度化管理在备件管理上也起到了很好的效果。"退库清单"、"发货清单"是备件进出的凭据，而每月20日据售后信息填制的"备件变动月报表"和25日上报的"服务部备件消耗汇总表"都是对一个月备件流动情况的最好反映。

以上两个事例只是远大制度化管理的一小部分，但充分地说明了远大的工作流程和管理方法的严谨和精细。而这已经成为员工心中的习惯和原则，而以这些准则为中心的思想正是远大的经营理念。

张跃认为：“如果一个企业能持续发展，就必须有它的文化。企业的行为主要表现在规定上面，对规定的重视应该高于一切。所以说想得再好，说得再好，不如写得好。这一点很多企业没有注意到，他们会以结果论英雄，但我以过程论英雄。我认为沉淀下来的东西才真正有价值，包括制度、文件、技术等等，是永远取之不尽的财富。”

在他看来，企业的文化只有在人的尊严长河里顺流而下，才会源远流长。而这一切也是建立在制度基础上的。企业文化作为一种新型的管理方式所需要的是一个更为坚实的基础。企业文化建设中，一个符合企业价值观的制度环境是至关重要的。

【制度之后的升华】

张跃认为，企业管理除了要靠制度外，还必须讲究“自觉性”。后者可以依靠环境，因为人是无时无刻不受环境影响的。要求员工确保产品质量，光靠文件、图纸、质检员等是做不到的。而当员工看到偌大的厂区每根草都是整齐的，每一条道路没有一丁点儿脏物，车间每一块地板都没有灰尘，生产、办公、生活设施见不到半点缺损、破旧时，员工们就会下意识觉得自己不能马虎对待手头上的工作。

为了培养人们的自觉性，最近远大上下都在进行企业内部互信建设。张跃表示：“讲互信就必须对很多与互信相冲突的文件进行重新思考。比如，现在办一件事动不动就这个签字那个签字，能不能用一种简洁的手续完成大量的经济活动？能否做到几百万元甚至上千万元的付款都不用老板签字？我们要围绕互信去检查以往所有的制度，改掉不互信的那些规定。搞那么多人签字有什么必要呢？它带来的是互相猜疑，甚至都不负责任，因为大家都签了字嘛。所以以往的各种表格、各种文件要全面改，要将互信精神体现在各项制度中，走上人本的制度文明、纪律文化。”

张跃认为，互信建设的目的并不是为了破除制度，而是要人们从内心完全接受这些制度，甚至不用想就会按规定做事。超出我们想象的是，张跃规定：“远大城所有东西都不上锁，包括小卖部、酒吧、员工咖啡厅，不上锁也不登记，全部用自助的方式，24 小时开放。自己买东西自己刷卡拿走。”他愿意为此付出 500 万元的代价，但公司自从采取小商品自取购货以来，一个小卖部、四个咖啡厅，比原来收款购物丢失率还要低。甚至新员工的军训也改为自愿。这样做的目的是将外部的规定变成内心的自律，也就消除了他们对抗规定的冲动。

是的，仅仅有制度是不够的，制度需要无微不至的完善；仅仅完善也是不够的，它需要由表及里地升华。但这一切一切的前提和基础都是在制度中求生存。远大如此，广大企业亦如此，你说呢？

文二：

三问“制度”

【仅有制度就足够吗】

远大的制度是不是太多了？会不会让人无所适从？张跃认为，真正重视制度的人对自己的制度永远都不会满意，而需要不断地增加和补充。当有了最基本的制度的时候，你就会感觉到生产纪律也需要，甚至吃饭也需要制度，而且还不止一条。制度不断细化完整，但永远都没有止境。事实上制度也永远不应该完结，只要制度和执行政策的方法恰当，制度更改的周期就会长一些。

"我越来越感觉到，制度越完整就越难于执行，所以我们就可能走另外一条路：完善，也就是简洁。制度要做到经典、精简、精确。以后的制度化建设要往'三精'方向走，而不是完整。"为了使文件经典化，远大采用术语的形式，下大工夫把文件写得更精彩。采用术语可提高文件编写的效率，并简化文件。为便于大家理解和编写文件，远大公司将出现频率较高的管理词汇、财务词汇、技术词汇汇总成一个《远大术语》。

张跃说，大家学术语的过程本身就是理解公司制度的一个重要过程，对术语掌握得越多，就越说明你在很大程度上掌握了公司的文件。同时，用术语不会使公司的文件更加深奥，相反用术语恰恰是让不懂制度的人尽快搞懂的最好办法。掌握术语后，大家使用起来就会像使用成语一样方便、简明。

【制度过细会阻碍创新吗】

在庞大的制度化体系中，远大还有一些奇奇怪怪的规定，而且是一般企业所没有的。

比如：惩罚大于奖励。远大认为，工作做得好是应该的，你没有理由去奖励他。而严于惩罚正是为了一天天减少错误，看起来似乎很严厉，不讲人情，其实是合乎人之常情的。又比如：绝对服从。服从是服从制度及领导。这样首先是使一件事情行动很快，贯彻很彻底，另一方面恰恰是使得员工的创新在大的原则下更有效率。比如，远大规定了这样一条："我们不搞多元化。"于是企业内部关于多元化怎么搞、该不该搞等一些无谓的创新就会停止了，人们的思想就会倾向于一个方向，那就是直燃机这个专业，我们怎么做得更好。再比如，不准在厂区周围一公里范围内消费。因为如果一公里之内可以消费，很多农民或小贩就可以摆摊直到厂门口，今天摆个摊子，明天搭个棚子，后天用砖砌一个亭子，建一个铺子，这样一来，工厂形象破坏了，而且当要扩张买地时，就必然造成与当地老百姓的摩擦与纠纷。制度要有，还要想到未来。

如此周密的管制会不会抑制了企业的创新能力？或者让员工感到难以适应呢？这也许是许多新来员工的疑惑，这时老员工会向你解惑：制度就像一张铁丝网，如果你把它烂熟于心了，那闭上眼睛也知道哪儿有铁丝网，就显得更自由了。

张跃认为："将员工的行为都纳入制度规定，同时通过比较封闭的环境和相应的培训，就可以使他们脱离社会不良习气的影响。像远大这样的制造企业，如果万事松散就会出大问题，尤其是像我们这样质量要求苛刻的产品，工作细致和严谨应该说是企业的生命。

"而且，制度和文件不仅总结经验、汇集智慧、指导工作，还在很大程度上避免了官僚主义。当你的工作目标、工作流程、工作质量、与衔接部门的沟通、责任与义务等都有文件进行规范时，企业官僚主义几乎没有生存发展的可能。而官僚主义才是企业创新的大敌。一旦整个公司各项工作的运转都有明确、具体的制度，就会形成透明度极高、人人心里有数的局面，这反而会激发人的创新精神。"

【制度过严会扼杀人性吗】

企业的制度管理给员工的感受就像是挂在办公室、车间门口的玻璃镜片，冰冷冰冷的。但张跃认为，制度可能限制了一部分人的一部分自由，但更保证了大部分人的大部分自由。制度在很大程度上促进了人的自由。"人们认为法国是浪漫的国家，也是最讲人性的国家，但世界最早的法典是《拿破仑法典》，它细到规定了什么人与什么人才能结婚，《拿破仑法典》可能有许多不合理的地方，但可以修订。但到现在为止，法国的法律仍然沿用了这个法典，这说明制度保证了人性。此外，美国人最自由，但美国的法律最多也最完善。它规定了必须做什么和不能做什么，其他的你就可以放开做。其实创造力在这里是非常强的，不是像有些人所怀疑的把员工管理得惨不忍睹，制度只能是保障人的创造力和自由。”

人们也许要问：在人性化管理大行其道的今天，远大却大力推行制度化，是不是有些不合时宜？专家认为，制度化管理是企业管理的必经阶段，要想建立一种人性化的管理模式，必须要以良好的制度为基础。

起步于改革开放以后的众多中国民营企业，尚处于企业发展的初级阶段。在此阶段，管理方式可能是落后的，如任人唯亲，管理不严、不科学是中国民营企业的现状。也就是在这一阶段，四川长虹、深圳华为等许多著名的中国制造企业都不约而同选择了半军事化管理的方式，更说明规范是何等重要！

企业管理是一门扎扎实实的硬功夫，而一味地追求新鲜和时尚，一知半解地照抄照搬，并非管理之法。刚刚进入市场经济的中国企业好比一个刚会喝牛奶的婴儿，而把西方企业某些管理方式强塞给他们，无异于塞给他们牛肉吃，结果是婴儿未见其长，反而会腹泻乃至夭折。在中国企业特别是制造企业发展的现阶段，如果单单依靠营造一个宽松的工作环境来管理，你就会看到企业员工自由散漫、工作效率偏低、工作失误屡屡发生等一大堆问题层出不穷，甚至还有部分员工干着有损企业利益的事情。在国外一些企业中可以实行高度人性化的管理模式，员工享有的自由度极高，但由于我们普遍没有受到彻底的制度化环境熏陶，还缺乏一些基本的制度观念，因而追求“人本管理”的“跨越”是不现实的。

文三：

张跃——名副其实的总裁

刘宏君　周国良

几年前，湖南省一个老干部参观团来远大参观。一位八十多岁的老红军一直边摸边看，边听边问。到中午在食堂吃饭时，他情绪激动得忍不住伏案大哭起来。他说："我们一辈子浴血奋战，其实追求的就是远大目前所实现了的这种理想，原来共产主义是可以实现的！"

在远大，确实容易让人产生理想社会的感觉，因为这里每人都穿同样的服装，总裁也不例外；进食堂都端同样的盘子，吃同样的饭菜；在路上全都大步流星地直奔目的地……但细心观察之后你一眼就能看出来谁是总裁。因为所有人都是清一色深色皮鞋，而只有一个人穿浅色运动鞋，且头发比普通员工长很多，这个人一定是张跃。当你看到餐厅里每张桌子上都围着一圈人在吃饭，但无论多么拥挤都没有人会去坐角落里的一张桌子，而那里只有一个人在用餐，这个人就是张跃。

【个性化——成就总裁的第一特征】

远大的一切都带有张跃浓厚的美术专业出身的个人色彩，并发挥得淋漓尽致。富丽堂皇、布局考究、充满艺术气息和阿拉伯风情的远大城基本上是张跃自己设计的。张跃喜欢反差，所以远大城所有的东西都是黑白两个色彩居多。地中海会所、方舟宾馆、"理想号”俱乐部、金字塔形的博物馆、欧式风情的管理学院……所有这一切都体现了张跃崇尚古代文明、崇尚艺术的个性。

1997 年，鲜为人知的远大因为购买第一架公务机而名扬四海，钟爱飞机的张跃也成为第一个拥有飞机驾照的企业家。但张跃认为，与其说他喜欢飞机，不如说他喜欢冒险和挑战。张跃喜欢冒险的个性有些让人费解，因为远大一向以谨慎投资、拒绝多元化、拒绝上市出名。但肯冒风险而又认真严谨思考的性格，正是张跃执著甚至有些偏执的个性体现。

【自学成家——成就总裁的第二特征】

在远大，员工都称张跃为“总裁”，这个头衔用在张跃头上真是名副其实，因为他不设副手，因此员工根本用不着区分姓氏不同的各位老总。远大的一切都是他一个人在管。一位远大的员工说：“过去，远大的形象策划、组织架构、销售，都是张跃亲自抓，到后来，核心技术也由张跃全面管。”记者在采访中看到，所有的技术图纸最后也要经过张跃修改才能定稿。“没办法，在直燃机这个行业，我就是最大的专家……也许他们（公司的技术人员）比我会画，但我一定比他们会改。”张跃说。

在远大，记者亲历了张跃对特立尼达和多巴哥客商的即兴推销。在接待贵宾的“地中海会所”台球厅，张跃边打球边通过翻译向客人介绍远大的空调产品，产品的性能、特点、相比之下的长处，张跃了如指掌。从外国友人不时点头中可以看出，张跃是个内行。对他们提出的问题，张跃也一一应对自如。说到关键处，张跃甚至会后退几步，以示强调。

最初，张跃完全是一个空调业的门外汉，当时远大公司还由弟弟张剑执掌，而后张跃把 70%的时间都用在了钻研技术上。天性聪明加上刻苦是他的本钱。据说几年过后，就连公司的总工都来找他探讨技术问题。他弟弟张剑执掌远铃公司之后，远大的一切就都由张跃全权负责。

【工作狂——成就总裁的第三特征】

要管的事情很多，所以张跃很忙。一边是找张跃汇报工作和签字的人络绎不绝，一边他还在批改着图纸，不时地还接个电话。我们采访尚未结束，楼下的员工招聘会又在等着他去定夺。采访只能在意犹未尽中暂时告一段落，只能约好晚上再来拍一些他工作时的照片。

早就听说张跃是个工作狂，总是工作到深夜，经常到早晨才入睡，也只是三四个小时的休息。他这个作息时间表，也正是适应工作需要排定的。为不打扰他工作，我们约定夜里11时见面，记者如约来到张跃的办公室时，这里仍然是灯火通明，人也很多，没有人空着手来，手里不是表格就是图纸，全是来汇报工作的。原来，为了工作的方便，与张跃直接打交道的人，作息时间也是随着他走的。

凌晨1时，我们拍照完毕。张跃的办公室里，几个拿着厚厚一打文件的人还在等候。

【我制定，你执行】

在远大，虽然任何员工都可以提出或参与文件的编制、更改，但张跃无疑具有最多关于企业建设的知识和权威，推行的总是他的理想。在远大，例行的事情都有规定可循；而非例行的事情，无论大小，张跃都亲自过问，然后可能建立新的制度。制度的制定最后总要通过他，所以员工很少有犯错误的机会。

在记者拍照的过程中，张跃处理的最小一件事是签字报销手机费。因为总部刚刚迁往北京的缘故，许多非外联人员也需要出差，手机费怎么报？公司制度中还没有明文规定。张跃随即命令一定要起草相关的制度，以解脱无制度之苦。

张跃强调员工的绝对服从。他说："对于某一些天性调皮，总是过于表现个性，不能和远大整体相融的人，他有再高的才能我们也坚决不要。"张跃对员工有三个统一的标准：首先是服从，无论是服从领导还是服从制度；其次是敬业，员工不管干什么都必须把这件事情干好，不能对不起公司发给你的工资，不能对不起领导对你的信任；第三是执著，现在这个社会最糟糕的就是浮躁，今天干这个了，明天又想干那个，结果什么都干不好。

半年多以来，远大所有人都在学习《把信带给加西亚》，张跃希望远大人个个都是罗文——完成任务到了执著的程度，而无须问为什么。当然，令张跃兴奋的不仅仅是一个"加西亚"，还有一个"柯林斯"。因为张跃欣喜地发现柯林斯的十大惊人发现，竟大部分与远大的实践相契合！是的，"有什么价值观并不重要，坚持贯彻自己的价值观才是最重要的。"或许，张跃的逻辑有时过于极端，但他狂热追求的"执行力"，却是对我们大多数中国企业都颇有借鉴意义的。

我对《远大：制度化生存》一文的点评：

其值得称道之处是：

(1) 在企业体制允许的范围内，制度的功用已经被发挥到极致。"到目前为止，远大共有文件 496 份，计 2873 条、9000 多款，共计 60 多万字，及应用表格 669 个，每份表格均附有填表方法、传递方式、批准程序、执行要求等，覆盖了每一位员工的每一项活动。在车间有工位告示牌，告诉你工作流程、你所担负的责任、你需要完成的任务；在宿舍有环境及生活告示牌，告诉你清洁、用电和作息时间等；如果你要出差，你可以随手从表格箱里拿一张表格，上面有几十项目录：你该带什么东西，该做什么，该汇报什么，都一一注明。"能具体、细化、周密到如此地步的中国企业恐怕不多，中国人讲制度大多是讲方向不讲具体，讲原则不讲细则。

（2）不但有一些非常到位的认识，像："当你的工作目标、工作流程、工作质量、与衔接部门的沟通、责任与义务等都有文件进行规范时，企业官僚主义几乎没有生存发展的可能。而官僚主义才是企业创新的大敌。""当公司模式变化不大的时候文件改动得不多，而公司模式变化较大时改动得则比较多。但有一点：远大公司对与员工利益相关的东西和大的原则，不会轻易去动它。这一点会保持相对稳定。"而且有十分独到的做法，如："远大有一个独立的制度化统筹委员会，专门负责涉及日常管理方面的各类规章制度的编写。""远大采用术语的形式，下大工夫把文件写得更精彩。采用术语可提高文件编写的效率，并简化文件。为便于大家理解和编写文件，远大公司将出现频率较高的管理词汇、财务词汇、技术词汇汇总成一个《远大术语》。"这些在我们所讲的制度管理中都是被重点强调过，而又恰恰为企业忽视或误读的。

（3）与时俱进，在员工日已养成对制度的绝对服从的基础上，转而倡导企业内部的互信建设。制度之于企业的重要性虽然毋庸置疑，但单纯依靠制度并不能解决所有问题，制度的制定、执行、监督都是有成本的，过多过密过细过严的制度会适得其反，会带来效率的降低与人财物的浪费。因而，将制度与互信结合起来就显得非常必要。互信建设的目的不是为了破除制度，而是要人们从内心完全接受这些制度，甚至不用想就会按规定做事。

温馨提示：远大的许多做法和认识固然很好，但离不开其作为制造型企业的特点、目标市场、核心竞争力培育，不能简单地移作他用。

其有待关注之处是：

（1）根本上讲，我们看到的远大还是一个典型的"人治"企业。它在操作执行层面的制度虽然周密、细致、具体，但在决策、组织层面，或者说整个制度赖以运行的基础还是一言堂、一人定企。这种“人治”基础上的以制度进行管理，相对于一切全由着个人兴之所致的“人治”企业当然是改善了许多，但跟我们所讲的制度管理还有着本质的区别。我们的制度管理的基础是实实在在的权力制衡，它不以某个人的意志为转移，它可以年年岁岁地传承下去。而“人治”基础上的制度，无论有多周密、细致、具体，都不能保证不会于转眼之间土崩瓦解。李斯的“法治”够严厉的了，但一离开秦始皇的支撑很快就无影无踪。李斯的“法治”如此，历朝历代的“法治”莫不如此。当今中国，类似于胡雪岩那样的“公司”很多，他们都曾因为在基本的操作执行层面有了严格的制度，比别人胜了一筹，所以一时间做得很大，但最终的结果却并不妙。远大是希望做长的，实在有必要认真地考虑这个问题。国外那些做得很长的家族企业，所有权虽然集中在少数几个家族成员（注意不是一个）手中，但治理结构却是充分汲取了现代法治营养的，与传统家国文化笼罩下的中国家族企业形似而神不似，它们的“健康长寿”绝不能用来作为中国家族企业也能够永续经营的证明。

(2) 制度的合理性值得怀疑。我们看原文中有关张跃工作状态的描述：“远大的一切都是他一个人在管。一位远大的员工说：过去，远大的形象策划、组织架构、销售，都是张跃亲自抓，到后来，核心技术也由张跃全面管。”“要管的事情很多，所以张跃很忙。一边是找张跃汇报工作和签字的人络绎不绝，一边他还在批改着图纸，不时地还接个电话。我们采访尚未结束，楼下的员工招聘会又在等着他去定夺。”“早就听说张跃是个工作狂，总是工作到深夜，经常到早晨才入睡，也只是三四个小时的休息。他这个作息时间表，也正是适应工作需要排定的。为不打扰他工作，我们约定夜里11时见面，记者如约来到张跃的办公室时，这里仍然是灯火通明，人也很多，没有人空着手来，手里不是表格就是图纸，全是来汇报工作的。原来，为了工作的方便，与张跃直接打交道的人，作息时间也是随着他走的。凌晨1时，我们拍照完毕。张跃的办公室里，几个拿着厚厚一沓文件的人还在等候。”“在远大，例行的事情都有规定可循；而非例行的事情，无论大小，张跃都亲自过问，然后可能建立新的制度。制度的制定最后总要通过他，所以员工很少有犯错误的机会。”

人毕竟是人，不是神，人长时间处于高度紧张的工作状态，出错的概率一定会随之增大，张跃也不例外。张跃每天只睡三四个小时，偌大一个公司的大事小事全归他管，在这样的情形之下，公司所有的制度还得通过他，如此制定出来的制度能做到合理才怪。据《英才》对张跃的采访讲，在远大，员工离婚必须经过张跃的同意。

（3）似是而非的制度理念。诸如：“企业整体的每一个活动都是可以无限细分到每一个员工的每一个动作上的，因此对每一个个体细节动作的程序化和标准化就显得异常重要。”“有什么价值观并不重要，坚持贯彻自己的价值观才是最重要的。”试问员工的创新活动，创新思维也可以细分到每一个动作上吗？也能程序化、标准化吗？错误的价值观，没有价值的价值观也应该坚持吗？由似是而非的理念出发，必定会得到大谬不然的制度。

第三章　情感无价

> 慈母手中线，游子身上衣。临行密密缝，意恐迟迟归。谁言寸草心，报得三春晖。
>
> ——孟郊

☺ 什么是我们所讲的情感

如果单纯就情感的意思讲，则是人对外界刺激肯定或否定的心理反应，如喜欢、愤怒，爱慕、厌恶，很容易一目了然，我们顶多再对形形色色的情感作一个合符情感管理研究需要的界定就行。但现实的问题却并不简单，因为一般的人们在面对与情感相关的感觉、情绪等词汇时，难以分出个子丑寅卯来。所以十分有必要在开宗明义之际，率先就感觉、情感、情绪间的相互关系进行一番通俗性的阐释：

我第一眼看见张三，觉得他很帅，这是一种感觉；相处了一段时间后，知道他不但乐观、幽默，而且善良、友爱，因而看见他就喜欢，这是一种情感；不久他成了我们部门的主管，平易近人、身先士卒，深得大家的拥戴，以至一听他的号令，不管东西南北，全部人马就热血沸腾，争先恐后，这是一种情绪。

由感觉，经情感，到情绪大致是一种逐层加深但不必然的关系。说逐层加深，意在我喜欢张三的情感是在多种、多次好感的综合和重复的基础上发生，而我之于张三的肯定情绪，也是喜欢及其他美好情感的进一步张扬。说不必然意在我觉得张三很帅的第一感觉虽然重要，先入为主的惯性虽然可以在相当程度上左右着我日后对张三的种种感觉、情感，但并不必然因之而产生喜欢的情感，我可能由于接下来看到张三做了一桩极不光彩的事，或听他说了一句非常歹毒的话，使最初的好感荡然无存，以至于慢慢地有了厌恶之情。同样地，喜欢的情感也不必然地带来肯定的情绪。

我喜欢张三的情感以及进一步张扬后的肯定情绪，对于张三或许不失为有利，对于企业却未必尽然。如果张三的价值利益取向与企业一致，对张三的情感即等同于对企业的情感，那当然是好，但不少时候，张三的价值利益取向与企业并不一致，这时我喜欢张三的情感就可能影响我对企业价值利益的维护。还有我之于张三个人的肯定情绪，如果是间或地用在加班加点上（注意是间或而非连续不断，不间断地滥用也会失灵），那当然是好，但不少时候，像开会研讨问题，我之于张三的肯定情绪，稍有不慎就会走向盲从，抑制了我的创新潜能。

我这里对情感关系的阐释看似与一见钟情相悖，其实不会。因为一方面，一见钟情的“见”不是只看一眼的“见”，而是见面的“见”，见面可以是半小时，也可以促膝长谈；另一方面，一见钟情的男女双方在见面之前，各自的内心早已有了一个暗恋已久的虚拟对象，说白了就是男的心中有自己虚拟的白雪公主，女的心中有自己虚拟的白马王子，“一见”的时间虽短，但一旦双方蓦然发现他或她正是自己心中的虚拟公主、王子时，两者的钟情便不足为奇了。

人生在世，内心的情感按对象分有对祖国、对人民、对故乡、对亲朋、对老师、对父母、对子女、对爱人、对兄弟、对尊者、对单位、对同事、对事业等数不清的情感。我们研究的是企业管理，不可能也不必要去对等等不一的情感胡子眉毛一把抓。我们只要紧紧围绕与企业管理密切相关的情感展开即可。诸如对企业、对主管、对同事、对下属、对老板、对本职、对事业的情感。不过由于工作着的人同时也是社会的人，特别是家庭中人，员工与家庭成员之间的情感对员工与企业的情感有着重要的影响，因而在我们所讲的情感范畴中，给员工的爱人和子女们保留一定的空间当十分必要，不然，未免过于局限了些。

☺ 什么是我们所讲的情感管理

我曾经在好几篇文章中看到“中国企业最重视情感管理”的观念，想起来真是可笑。可笑之处在于持有这种观念的人们不知道中国企业里的情感是一种狭隘的情感（当然不是全部的中国企业），一种仅限于小圈子内的、内外有别的、带有强烈宗派色彩的情感。对圈子内的人，像春天般温暖，热情有余；对圈子外的人，似秋风扫落叶，冷酷无情。一桩事情该不该做不是问需不需要，而是问有没有交情。有交情就做，没交情就不做；一个人犯了错误该不该罚，有了成绩该不该奖，不是问制度，而是问有没有人情，有人情就奖或罚，没人情就不奖或不罚，狭隘的情感大于制度。

退一步讲，即使中国企业里的情感的确是一种宽广博爱的情感，那也不能因此说中国企业已经拥有了真正意义上的情感管理，因为在我们看来，真正意义上的情感管理是以员工情感为对象的管理，而不仅仅是在企业的管理中注重情感的因素与运用。眼下谈论情感管理的人很多，但概念大多是混淆不清的。有把对员工情感的尊重说成是情感管理的，有把培养员工对企业的情感说成是情感管理，也有把情感管理与人性化管理、以人为本的管理相提并论的，还有把鼓励员工参与企业的管理、采纳员工的合理化建议、为员工的自我实现创造条件统统划拨于情感管理的，等等不一，莫衷一是。似乎在企业除了制度管理外，剩下的全都是情感管理，这是值得商榷的。

对员工情感的尊重是企业确立情感管理的前提，企业如果缺少了对员工情感的认知和尊重，进一步的情感管理则无从谈起；培养员工对企业的情感既是情感管理的内容，也是它的目的；情感管理与人性化管理、以人为本的管理均有许多的交叉重叠之处；鼓励员工参与企业的管理、采纳员工的合理化建议、为员工的自我实现创造条件等虽然都能与加深员工对企业、对本职的情感，都能与情感管理挂上边，但无一能等同于情感管理，真正的情感管理必定是以员工情感为对象的管理。

以员工情感为对象，分析、评估员工的情感需求，设定符合企业发展需要的员工情感管理目标，制定相应的情感管理计划并组织实施，对情感管理计划施行的情况予以全程的跟踪、监督，发现问题及时调整解决，不断地总结、完善、提高，周而复始，循环往复。这才是全面完整而实打实的情感管理。

"以员工情感为对象的管理"看上去颇为难懂，因为员工的情感总是源自和身外企业、本职、特定的人的相互接触，颇有些捉摸不定，尤其是在那些胸有城府、不苟言笑、深藏不露的员工，如此捉摸不定的员工情感还能够加以有效的管理吗？能！不但能，而且十分的必要。因为看上去捉摸不定的情感，客观上毕竟有规律可循，尽管不同的管理者囿于对引发员工情感的规律的了解程度不同，会带来各自在对员工情感认知上的较大落差，但这并不能动摇我们对情感管理的信念。一方面，员工的情感多种多样，积极的、消极的，正面的、负面的都有，我们只有按照员工情感反应的规律，借助卓有成效的情感管理，才能获得企业所期望的积极而正面的情感；另一方面，只有卓有成效的情感管理实践，才能渐渐提升企业各级管理者的情感认知能力，进而，也才能带来员工与企业的和谐共振。

☺什么是情感管理的目的

情感管理的目的有两重，一重是培养员工对制度的情感，另一重是培养员工对由制度构成的企业组织的情感。对于第一重目的，我们很容易认同，因为制度虽然重要，但更重要的是把制度不折不扣地执行下去。这里面除掉管理者的责任外，还有员工的积极配合。如果员工对企业的制度都能产生一种诸如法治社会的公民之于法制的情感，那么他们不但会主动自觉地执行，而且将努力地为着制度的完善积极地建言献策。从中也可以看出，情感管理不等于单纯的以人为本的管理，不等于单纯的理解人、关心人、尊重人，摆事实讲道理一样能赢得员工的情感。法治社会的公民之所以热爱法制，是因为有事实在那儿摆着，有没有健全的法制，公民享受到的人身自由与经济福利完全两样，每个人都有切身的体会。

对于第二重目的，我们且看近年来屡见不鲜的集体跳槽：某职业经理人突然有一天公开宣称与老东家决裂，然后出其不意地带上手下的一大帮兄弟，改弦易辙投奔到老东家的老对手那儿去，弄得老东家既损兵折将又丢人现眼。透过集体跳槽，我们看到的是在职业经理人之于企业、员工之于职业经理人两种不同情感上存在的巨大反差。客观地讲，发生集体跳槽事件的企业未必就忽略了员工的情感，有的也很重视员工的情感投入。他们之所以事与愿违，适得其反，关键在于未能旗帜鲜明地把培养员工对企业组织的情感当作企业情感管理的目的。这样的目的不明很容易导致员工要么误把对直接主管的情感视为对企业组织的情感，要么错将对老板的个人情感视为对企业组织的情感。

误把对直接主管的情感视为对企业组织的情感，除去因直接主管的价值取向可能与企业不一而引起的危害外，还有对组织权威的冲突。组织权威内在要求员工们都能以组织制度为上、组织利益为上。今天张三当主管说话我们员工要听，明天李四，后天王二当主管说话我们员工也要听，只要有理有据，我们员工一律听。但假如是员工对直接主管的个人情感过于强烈了，以致形成了深厚的个人情感依赖，“我只听头儿的，我只认头儿讲话，头儿叫我干啥就干啥，其余一概不管”，那组织权威还会有立足之地吗？没有！没有了组织权威，类似集体跳槽的恶果当然不可避免。

错将对老板的个人情感视为对企业组织的情感貌似与企业的权威无妨，特别是在那些产权单一，所有者同时又是经营者的私营企业，其实不然。因为站在企业组织的角度，老板不过是一个岗位，而组织却是诸多岗位、制度、流程的集合，老板与企业组织不可以等量齐观。很多情况下，譬如老板率先破坏了企业的法治，或按长江后浪推前浪的自然规律，新、老老板在移交期间，员工若不能正确定位与老老板的个人情感，则势必蜕变成企业组织的障碍。

必须指出的是，员工虽不能把对直接主管、对老板的情感混同为对企业组织的情感，但不等于说，员工由此就不该和直接主管、老板之间产生一丝一毫的情感。客观上因为工作的关系，员工总会与直接主管、老板产生某种性质的情感，并且这种情感也是企业情感管理的必要组成部分。问题不在于彼此要不要情感，而在于明确区分出不同种类的情感，以及努力把握好它的度。适度的情感于工作、于双方身心都善莫大焉，毕竟我们不能设想，一个雇主关系、上下级关系紧张的企业，会是一个让员工有干劲、有效率、对人才有吸引力的企业。况且在员工的直觉上，企业组织常常要因一个个活生生的主管、老板而变得具体，企业组织对员工的情感关怀也得经由主管、老板来具体落实。

培养员工对企业组织的情感，一则可以消解单纯制度管理带给员工的压抑，二则可以弥补单纯靠制度管理来维护企业利益的不足。制度管理的目的固然在于提升企业组织的效率，但制度管理却不是万能的。制度管理如同其他一切管理一样，都有着一个边际效益的问题，超出了某个限度，太多太细，制度管理不但烦琐累赘，而且成本高昂，低效无用。这时，情感管理就有了用武之地，试想员工一朝拥有了对企业组织的深情厚谊，他就会及时主动地、默默无闻地为企业节约每一滴水、每一滴油、每一颗螺丝钉、每一分钱，他上班想不出的方案，下班会继续想，会废寝忘食地想，夜以继日地想，情感管理诚可谓须臾不可少矣！

☺ 什么是情感管理的要点

情感管理的要点也可分为两类，一类是由管理的共性而来的五大要点：计划、组织、指挥、协调、控制；另一类是蕴涵于五大要点之中的，贯穿于情感管理全程的核心理念："一真二合理"。有关共有的计划、组织、指挥、协调、控制要点，我们仅仅对其中的计划略作提示：一方面，企业需要的情感不全是像喜欢、爱慕之类的肯定情感，也可以是愤怒、厌恶等否定的情感，关键看什么对象。如果员工面对的是吃里爬外、挑拨离间之人，就应该明白无误地表示厌恶、愤怒。另一方面，企业在设定自身的情感管理目标时，切不可将适度的雇主雇员情与朋友、夫妇、父子、兄弟情混淆起来，特别不能与我在《中国企业的病根子》一书中讲到的单向忠诚的、无我无他的君臣情混为一谈。企业希望员工关心企业、热爱本职是对的，但如果进一步要求员工对企业要像对恋人一般，爱得死去活来，爱得海枯石烂，爱得一棵树上吊死，忠臣不侍二主，烈妇不侍二夫，那就有违现代市场经济的精神。太过浓烈的情感，对企业、对员工都是一种沉重的负担，大可不必。

对于蕴涵于共有的五大要点之中的"一真二合理"理念，我也分别开来讲。所谓真，首先不等于深。看上去虽然毫无疑义，但由于真情难得，人们实际上会自觉或不自觉地把真情当深情，似乎只有深情才称得上真情，感情浅了、朴素了就不能叫真情。一个有仁爱之心的人走在街上，看到一个罹患白血病的小孩向人们求援，他二话没说地捐款100元；回家后屁股没坐稳便接到儿子从外地打来的电话，告诉他媳妇生了个龙凤胎，他赶紧揣上10000元，带上老伴往火车站奔。他在前后两种不同的情形下所掏出的钞票尽管相距甚远，但谁也不能认为他前面的情感假后面的情感真。

其次，真是诚于中、形于外的真。诚于中要求企业能做到诚心诚意，来不得半点虚伪。虚情假意或许可以骗部分员工于一时，但必不能骗全体员工于长久，假的就是假的。假的还不如没有，没有的话，员工至多讲某某企业缺少人情味，不值得为之出力，假的却会让受到愚弄的员工对企业加倍地恨，恨之入骨。中国企业界自作聪明，自以为能玩弄员工于股掌之上的老板俯拾即是，但有几人能免于聪明反被聪明误的下场呢?

某老板某日接到一桩业务，有一批货要在半天的时间内搬到码头上去，任务相当重，可手下就那么十几个伙计。于是当天一早，老板自己下厨房做饭。开饭时，老板一一给伙计盛好，还亲手捧到他们每个人手里。伙计王接过饭碗，拿起筷子，正要往嘴里扒，一股诱人的红烧肉浓香扑鼻而来。他急忙用筷子扒开一个小洞，发现有三块油光发亮的红烧肉焐在米饭当中。他立即扭过身，一声不响地蹲在屋角，狼吞虎咽起来。这顿饭，伙计王吃得特别香。他边吃边想：老板看得起我，今天要多出点力。于是他把货装得满满的，一趟又一趟，来回飞奔着，搬得汗流如雨……整个上午，其他伙计也都像他一样卖力，个个挑得汗流浃背。一天的活儿，一个上午就干完了。中午，伙计王不解地偷偷问伙计张：“你今天怎么这么卖力?”张反问王：“你不也干得起劲吗?”王说：“不瞒你，早上老板在我碗里塞了三块红烧肉啊！我总要对得住他对我的关照嘛!”“噢!”伙计张惊讶地瞪大了眼睛说，“我的碗里也有红烧肉哩!”两人又问了别的伙计，原来老板在大家碗里都放了肉。众伙计恍然大悟，难怪吃早饭时，大家都不声不响地吃得那么香。（故事源于某管

理类杂志）

故事中的老板够得上聪明了，不只是一箭双雕，而是一箭全部雕。但他万万没有想到员工们会私下里交流，一交流老板便聪明反被聪明误了。故事的结尾应该交代一下员工们恍然大悟后的心态，有无受老板愚弄的感觉。老板这次是赢了，但下次呢？下次老板就是每人塞上一只红包，员工们也会怀疑：会不会跟上次一样又在糊弄我们？算了，还是悠着点吧，免得事情过后后悔。

形于外要求企业不但要有发自肺腑的真情，而且善于以员工信任的方式表现出来，使员工感到是真的。“我是真心的”，仅靠自己的嘴巴说不行，如果得不到员工的认同，还是白搭。有位老板我们姑且相信他对员工的关心是真的，他每天在办公室里摆些水果、饼干，无偿给员工吃，本来是件好事，但他生怕员工不领情，总喜欢念叨，日日讲，时不时地讲，直讲得员工们反胃，进而怀疑起他的诚意，这样的形于外实在可笑。

再次，真是持之以恒的真、一视同仁的真。一个企业付出一时的真情并不难，难的是持之以恒地付出，尤其是在遇到恩将仇报的挫折后，仍旧能一以贯之地付出。外部环境复杂，林子大了什么鸟都有，不是每个员工都能以真情换真情的，你投之以桃，他可能报之以暗箭，如果你从此伤心失望，因噎废食，便前功尽弃了。不仅要对重要岗位的员工付出真情，而且对普通员工也要付出真情。真情的内容可以酌情作相应的调整，可以因岗位而异，但不能不真。对普通员工的感情不真，虚与委蛇，反过来会影响到对重要岗位员工的真情，因为岗位的重要与不重要是相对而言的，不是绝对的。

最后，真假与否尽管不能用钱去衡量，但也不能少了钱。老板早上见到门卫向他敬个礼，在认真地点个头的同时送上一个真诚的微笑，不用花一分钱，理当算作对门卫的真正尊重，一点不会让员工觉得有假。但如果是老资格的质保部长生病住院了，你老板依旧两手空空地带上一大帮部长、科长、组长，去医院向病人深表关切之情，你当时的眼泪哪怕像断了线的珍珠，掉在地上啪啪直响，也不会有员工相信你是真的，会觉得你在演戏。

所谓合理，指的是情感管理要符合情感产生之理、情感加深之理、情感巩固之理、情感变化之理和人之常情之理。

当今中国社会，纯粹如雷锋那样的好人、纯粹如地主恶霸那样的坏人或许会有，但一定罕见，绝大多数的人都是些你对我好，我也对你不赖；你对我不好，我也对你不咋的；都是些以德报德，以怨报怨的平常人。企业本质上是经济组织，构成企业员工主流的只能是平常的饮食男女，针对平常人的情感管理因而只能用平常的情感发生、加深、巩固、变化之理。这一点虽再明显不过，却被不少企业有意或无意地忽视。君不见这类企业从不问自己对员工如何，自己为员工做了些什么，只管一味地要求员工去无私奉献、无条件地爱厂如家、集体利益至上。岂不是标准的单单用马列主义的电筒去照别人，缘木求鱼么。

平常的情感发生、加深、巩固、变化之理很多，诸如日久见真情、危难之中见真情；良言一句三冬暖，恶言一句六月寒；好一个人千言万语，恶一个人三言两语；将心比心、设身处地、换位思考、推己及人；你敬我一尺，我敬你一丈；己所不欲，勿施于人；君之视臣如手足，则臣视君如腹心；君之视臣如犬马，则臣视君如国人；君之视臣如土芥，则臣视君如寇仇；君使臣以礼，臣事君以忠；老吾老以及人之老，幼吾幼以及人之幼；恩宜自淡而浓，先浓而后淡者，人忘其惠……这些平常之理虽然平常，但真正做到了就会非常的不平常，特别是其中的换位思考、推己及人。

有人曾向我咨询如何做好新聘员工的接待工作，我告诉他假如你新聘入一家公司时，希望人家怎样接待你，你就怎样去接待人家。这便是典型的换位思考、推己及人。一般情况下，新聘员工对企业总有个观察求证的过程，因为我们所处时代的道德信用水准还较低，人在职场多多少少都会受到一定程度的不法侵害，心中存有大大小小的阴影在所难免。这就要求企业能够与新聘员工进行换位思考，理解他们的历史，洞察他们的心理，主动向他们示爱，率先向他们付出真情，如此才可能与之逐步建立起良性互动的情感纽带。

换位思考、推己及人之所以难，难就难在企业也会受到不良员工、不良经理人的伤害。企业一样会想：凭什么要我们率先向新聘员工示爱，而不是反过来新聘员工率先向企业示爱？凭什么？凭企业在新聘员工面前是强者、长者，强者、长者不率先难道要弱者率先？与新聘员工的换位思考、推己及人已属不易，更遑论与离职员工了。与离职员工的换位思考、推己及人虽无看得见的功利，但对在职员工的情感有着不可小视的影响，理应受到企业的高度重视。否则，企业的情感管理很难做到一以贯之、一视同仁，当然，也难以令员工信服。

☺ 什么是情感管理的难点

企业作为一个法人性质的组织，终归要通过它的管理人员去向自然人性质的员工表达其情感。这就油然而生出一个问题：管理人员如果心术不正而企业又缺乏相应的监控措施，则企业宝贵的资源投入，就可能蜕变为不良管理者拉帮结派、党同伐异的资本。如何让员工认同组织而非认同个人，是企业情感管理的难点之一，克服这一难题我们需要引入职位表达的概念。职位表达强调以特定职位的名义向员工表达企业组织的情感，职位依附于组织而存在，职位表达当然会被员工视为组织表达，譬如，以法人代表、工会主席、人力资源部经理的身份，员工内心的情感认同会定格在企业。职位表达虽好，但并非轻而易举。一方面包括法人代表在内的管理者大多都喜欢做好人，喜欢将好事往自己身上拉；另一方面，即使对职务表达可作出硬性规定，而实际上也难以监督执行。

由于真情难得的缘故，人们容易把真情与功利对立起来，好像一讲到真情就不能涉及功利，讲功利就没有真情。真情与功利性的矛盾是企业情感管理的难点之二。克服这一难题的关键在事前的引导。一种真正的行为艺术，并不被每个人都视为艺术，真正的艺术也需要适当的引导。在商不言商，在企业不讲功利不但不可想象，而且寸步难行。情感管理看得见的目的虽是培养员工对制度、对企业组织的情感，但隐性目的仍在功利，仍在让员工不遗余力地为企业效命。在企业就是要理直气壮地讲功利，讲功利一样有真情。恪守诚信的商人与顾客之间也讲功利，难道说他们之间就没有真情吗？否，他们一样有真情！还是那句话，真不等于深，真情不等于死去活来或赴汤蹈火。

私营企业的员工因为特殊的人文环境，在衡量自己与老板的感情深浅时，常有一把心照不宣的标尺：老板给予的额外照顾越多，说明和老板的感情越深；反之，越浅。如此的标尺并非无源之水。既然是额外照顾，则说明不是每个员工都能获取的，能获取的总有其与众不同之处，这正好满足了他们的个性化情感需求，而个性化情感满足带给员工的感受又最深。个性化是员工情感需求中相对于共性的一种客观存在，共性的情感需求从属于面上的需求，而个性的情感需求则从属于点上的需求。如渴望被企业尊重是全体员工共有的面上的情感需求，而渴望主管能尊重他的自由和个人主见则是员工个性化的点上的需求。共性的需求主要靠转化为规范的制度，移情于法来满足，个性的需求则要通过直接主管一对一的情感互动来满足。个性化的情感需求虽然重要，但管理者尤其是企业主要领导的精力毕竟有限，不可能让所有员工的个性情感需求都如愿以偿。个性化与移情于法的平衡是企业情感管理的难点之三，克服这一难题除明确好共性与个性的界限外，我们只有勉力而为之的建议。

有位不折不扣的好心肠老板，非常重视与员工建立良好的情感纽带。在企业高速成长的年头，他奉日本企业的终身雇用为圭臬，鼓励员工以单位为家，员工进了他的大门，除非自己另谋高就，否则再无卷铺盖走人之虞。他还在各部门设立专门的活动基金，定期与员工开展各种形式的联谊会、恳谈会、晚餐会。手下的员工发生困难，不论是分内分外，大事小事，他都能慷慨解囊，铁肩担道义。后来企业连续遭遇了几次挫折，经营碰到了很大困难，差不多难以为继，裁员成了他唯一不二的选择。然而，正是这种迫不得已的裁员，却招致了员工们的强烈责难："不是说终身雇用吗？不是叫我们以公司为家吗？原来也是假的，真有了困难，倒霉的还是我们呀！"该老板的例子颇具代表性，遭遇裁员时的情感维护是企业情感管理的难点之四，克服这一难题的思路有二，一是准确定位企业与员工的情感关系。市场经济乃风险经济，市场上的企业没有谁能保证永远不裁员，夫妻本是同林鸟，大难临头各自飞，何况是企业与员工？二是无情裁员，有情操作。裁员的标准要公开，善后处理要公正，可能的话，为员工的重新求职提供力所能及的帮助，买卖不成仁义在，道是无情却有情！

有关情感管理的难点还有让情感管理理念深入人心、合理的前提在识理、情感管理的度、情感管理的成本效益核算等，这些在我们进行制度管理的难点讨论时已有论述，且大同小异，故不作重复。

☺ 为什么说"情感无价"

情感无价就是：情感管理弘扬在无法讲价的地方，使企业喜结出无价的金苹果。

（一）情感无价的理论依据

汉武帝乳母尝于外犯事，帝欲申宪。乳母求救于东方朔，朔曰："此非唇舌所争，尔必望济者，将去时，但当屡顾帝，慎勿言，此或可万一冀耳。"乳母既至，朔亦侍侧。因谓曰："汝痴耳！帝岂复忆乳哺时恩耶？"帝虽才雄心忍，亦深有情意，乃凄然愍之，即赦免罪。

东方朔不愧为游刃有余于法内法外、制度与情感间的高手，他深知以汉武帝的雄才大略，像乳母这等违法乱纪之事，若放在法内、制度内，则绝无从宽发落的余地。但法外、制度外就不同了，法外、制度外正是讲情感的地方，讲情感的地方才可能法外开恩，网开一面。东方朔虽然巧借了汉武帝的情感，但乏善可陈，作为汉武帝的谋臣，他应该想办法帮助汉武帝怎样用情感去维护制度，而非去扰乱制度。

国家也好，企业也好，法内、制度内的一切都有章可循，有法可依，你担当什么职责，做什么事，拿多少薪俸，统统按价值规律办事；你犯了什么法，要受到什么样的惩处，坐几年牢，罚多少款，一律有明文规定。法内、制度内的得失乃理所应当，既无所谓恩，也无所谓怨。法外、制度外则不然，法外、制度外是条条框框说不清、道不明，剪不断、理还乱的地方，是法和制度无法发挥作用的地方，因而也是不能用明码标价去考量的地方。法外、制度外的得，事先没有指望，现在得到了自然会感恩戴德。这便是情感管理发挥作用的地带，或者换言之，情感管理应放在无法按价值规律办事的地方。我们所讲的无价的第一个含义就是无法讲价。

我们所言无价的第二个含义是无缝、无跑冒滴漏、员工不计价钱地为企业付出。无缝：将企业组织比喻成一只装水的木桶，制度管理使构成木桶的每一块板子整齐划一，情感管理则使不同的板子之间紧密无缝隙。制度管理为刚，情感管理为柔、为润滑油、为箍桶的纽带，刚柔相济，天桶无缝。无跑冒滴漏：因为无缝，所以无跑冒滴漏，培育一切可以培育的情感，协调一切可以协调的关系，团结一切可以团结的力量，守住一切可以守住的元宝。员工不计价钱地为企业付出：企业三个月不发工资或干完后不知道有没有工资，员工仍不遗余力地为企业干，这就是老板心目中的情感管理目标！

情感无价之于企业有着不可或缺的逻辑必然，一方面企业客观存在着大量无价的地方，而无价的地方又为情感管理提供了广阔的空间。譬如，零售巨头沃尔玛虽然可以用制度对一线员工的微笑作出“请对顾客露出你的八颗牙”的规定，（注：一般中小规模企业的管理根本不可能细化到这一步，任何管理都有个成本效益的问题，制度太细了，相应的制定、培训、执行成本也会水涨船高，成本上去的同时，如果价格并不能紧随其后，企业就会失去市场存在的价值）但仅此还不能获得他们所期望的微笑。日本著名的保险推销员原一平先生为练就一张能打动人心的、纯真如婴儿般的微笑，足足用了十多年的工夫！令顾客满意的微笑不只与露出八颗牙齿有关，最主要的还在于员工的心情，没有发自内心的诚意，即使露出满口的牙齿，依然可能是令顾客生厌的皮笑肉不笑。发自内心的诚意从什么地方来，从“一真二合理”的情感管理中来，情感管理旨在攻心为上，旨在让员工心服口服。

另一方面，情感管理的弘扬使企业喜结出无价的金苹果。仍旧以零售巨头沃尔玛为例，沃尔玛不只强调尊重顾客，提供一流的服务，而且还强调尊重公司的每一个人，在沃尔玛内部，虽然各级职员的分工明确，但少有歧视现象的发生。一位前公司副董事长曾经说：“我们是由具有奉献精神、辛勤工作的普通人组成的群体，来到一起为的是实现杰出的目标。我们虽然有不同的背景、肤色、信仰，但坚信每一个个人都应受到尊重和尊严的待遇。”很显然，享受了如此情感关怀的沃尔玛员工，无论有无主管的监督，都会将“请对顾客露出你的八颗牙”的规定发挥得淋漓尽致，都能在必要时，不计价钱地为企业奉献。

我再次申明：情感无价不是说无限情感，而是有限情感，否则难免要让别人产生误会。有限情感不但鼓励企业对员工该有情时要有情，该无情时应无情；而且要求员工对企业该奉献时要奉献，不该奉献时不奉献。公司对员工该给的待遇、保障、支持一样不能缺，该给予的尊重、关心、帮助一点不能少，在所有该给的给了以后，员工若不能满足企业的要求，企业就得铁面无情，该辞的辞，该裁的裁，绝不能缠缠绵绵，心慈手软，一包到底；反过来员工对公司也一样，该履行的职责、义务要履行，该拿出满腔热情时要不吝付出，该竭忠尽智时要不遗余力，在所有该做的都做了以后，企业若贪得无厌，继续无视员工的亲情、友情和个人感受，员工就得义正词严地该拒绝的拒绝，该炒老板的炒老板，绝不能犹犹豫豫，情面难却，一忍到底。有的公司号召员工以公司为家，但公司却不肯像家长那样对孩子尽责。也有的员工希望企业成为自己永远的依靠，但自己却不愿像爱人那样对自己的另一半尽忠。双方对对方的无限情感诉求都不可取，都可能压得对方喘不过气来，双方的情感关系应当而且只有定位于有限情感，才是明智而稳健的，才能与亲情、友情和平共存。

（二）情感无价的事实依据

虽然严格意义上的系统而完整的有如我所言的情感管理还没有，但由于与之相近的人性化管理或“X 理论－Y 理论”早就存在，因而，大致的情感无价事实却也不少，其中尤以日本企业界为多为最。具体的案例我无须去讲，像松下、索尼、日立、本田、丰田等知名日本企业都能如数家珍般地讲起，我只想从总体上把握一下日本企业界出现情感无价的背景、功效及弊端。

第二次世界大战后，日本作为后来者，与以美、英为代表的老牌资本主义国家同处工业化大规模制造阶段，论工厂纪律、员工的吃苦耐劳和流水作业用的机械，日本有的，美、英国家都有，甚至比日本强。日本凭什么跟美、英国家竞争，后来居上呢？靠情感，靠情感的火焰之中蕴涵的巨大积极性，情感无价就此具备了孕育的土壤。而此时以梅奥、麦克雷戈为首的专家学者几乎心有灵犀般地给情感无价的诞生进行了必要的理论准备，再加上情感无价又暗合于日本社会固有的文化传统，所以，情感无价在日本企业界的风行就不足为奇了。令人叹为观止的是，情感无价也的确出手不凡，特别是由情感与制度比翼而得的无可比拟的品质与效率，无疑给日本制造插上了腾飞的翅膀。

然而，一切都是暂时的。当一个以知识的创新为主体的知识经济社会悄然而至时，原本引领日本企业的情感无价，竟成了阻碍他们进一步发展的桎梏。问题在于情感无价是把双刃剑，它固然可以使员工不计价钱地奉献，有利于品质和效率的提高，对工业社会而言利大于弊，但也可以让员工对企业产生过分的精神依赖，一辈子躺在企业的大树下好乘凉，失去了必要的生存压力和活力，抑制着企业的创新，对知识社会而言弊大于利。自 20 世纪 90 年代初，日本经济一直陷于长期的低迷，企业的创新能力弱不能不说是其中最主要的原因。当然，抑制日本企业创新的还有他们强调等级和服从的文化基因。但不管怎样，情感无价总是需要我们一分为二地辩证看待的。

我们所讲的情感管理明显不同于通常意义上的情感管理，为此我愿以案例点评的方式作进一步的说明，详见附录二，对此不感兴趣的读者可直接跳转到后面去看。

附录二

张宝法的情感投入

张宝法的一生颇具神奇色彩。他 12 岁丧父，20 岁蒙冤入狱，47 岁平反昭雪。18 年来，他把昔日只有 14 个人的小作坊发展成为如今拥有 300 多名职工、两万多平方米标准厂房、8000 多万元固定资产、年销售超亿元、利税超 1000 万元的中型企业，在强者如云的我国重要注塑机生产基地的宁波跻身于三甲之列，成为中国最具竞争力的注塑机企业之一，公司先后被评为“全国优秀诚信企业”和“中国优秀民营企业”。

工人是张宝法心目中的“上帝”，他始终认为工厂的财富是工人们每天用十个手指头辛勤创造出来的。张宝法支配财富的四个原则：一是纳税；二是回报工人，使工人的口袋鼓起来；三是做些社会公益事业，助医、助学、敬老、扶贫、扶持弱势群体；四是搞些积累，发展再生产，把企业做大。

张宝法善待员工，把通用凝聚成了一个大家庭。每名员工，他都能一一叫出姓名，一些员工的家庭状况他也了然于胸。

让员工的口袋鼓起来，这是张宝法对员工最基本的关爱。他重视调动员工的积极性，1993 年，公司就实行了基本工资加超额奖励制度，有些员工每月超额奖就有 1000 多元，最高的达到 1500 元。他又十分爱护员工的身体，规定一般每天工作时间为 7～7.5 小时，晚上加班最迟不得超过 8 时。到 2002 年通用一线员工的人均收入达到 26802 元，最高的 40320 元。

在社保方面，通用做到了应保尽保。一些再就业的下岗职工和够不上社保条件的老员工，根据 1999 年制定的内部养老条例给予其老有所养。对本市城镇职工，通用逐步改善他们的住房条件，提高他们的生活质量。

解决员工的实际困难也是张宝法最牵挂的事。1998 年公司出资 250 万元建造了 36 套面积为 64 平方米的二室一厅双职工住房和 28 套单身员工宿舍，免费让外地员工居住，并为分居两地的夫妇提供双人房。每层宿舍楼都有活动室，乒乓球、台球、图书、录像等娱乐设施一应俱全。员工在厂里饮的是纯净矿泉水，午餐和夜点心免费提供，为单身员工配备专人洗衣，专设医务室免费为员工看病，路远的员工上下班专车接送。最受员工欢迎的是一年一度的旅游，观光祖国大好河山，吃住三星级饭店；在大饭店吃年夜饭；春节还为外地职工提供车、船票和专车送行，个别路远的还报销飞机票。

张宝法对困难员工的关爱也是无微不至的。舒长富不幸患了食道癌，花了公司近万元医疗费，很过意不去，就给张宝法留了一封诀别信："您像亲人一样关怀我，我欠您的太多，我不想拖累您，我远走他乡了。"想了此一生。张宝法知道后派人四处寻找，硬是把他从千里之外找了回来，继续帮他治疗，并每月给他送去工资和营养品。周彭剑来通用时背了3万多元债，后来又遇妻子生病住院，实在没办法，先后四次找到张宝法，他都二话没说，全部承揽了过去。吕汉斌的妻子早产，又是双胞胎，母子生命危急之时，又是张宝法送去了3万多元的救命钱。姚平三次胃出血住院治疗，张宝法掏出近2万元，彻底治好了他的病，而他却分文未出。任昌良结婚前夕在家装电风扇时，不小心伤了一只眼睛，很可能导致双目失明，张宝法急忙赶到医院对医生说，不管花多少钱也要保住他的眼睛，费用由他出。张宝法还怕这件事影响他即将到来的婚姻，连忙做任昌良女朋友的工作，请她去医院护理，并加深感情。出院后，张宝法又出钱为他们完了婚，现在他都当上"爷爷"了。

张宝法有一辆"林肯"轿车，只要需要，每个员工都可以坐。员工们生了病，他就用"林肯"送医院，为此也常使医生们惊奇，以为是什么大人物来看病了，其实从轿车里下来的却是穿着沾满油泥衣服的通用员工。

还有有口皆碑的"六个必谈"、"六个必访"，更是充分体现了宁波通用公司具有创新精神的独特情感关怀。"六必谈"是：员工工作变动、职务升降、退休养老等必谈；职工受表彰奖励或批评处分必谈；干部、党员进行考核、考察或民主评议必谈；员工反映情况、提合理化建议必谈；新员工进厂、老员工离厂必谈。"六必访"是：员工生病住院必访；员工家庭遇天灾人祸必访；员工生活工作上有困难必访；员工结婚生小孩必访；员工家庭不和睦必访；员工退休养老在家必访。

有感于在通用的所感所受，2003年4月，90多名操惯了磨具的员工自发地拿起了笔，在不到20天的时间里，情深意切地写下了10多万字的《通用人的故事》。这里没有任何的编造和杜撰，没有任何的说教和炒作，只是将他们传为佳话的感人故事，用发自肺腑的真情表白出来。

张宝法与员工相互之间的爱，已是水乳交融不能分。

我对《张宝法的情感投入》一文的点评：

其值得称道之处在于：

(1) 真人真事，真心真情；从里到外的真，诚于中而形于外的真；一视同仁的真，持之以恒的真；舍得花钱的真，口惠而实至的真。300多名员工，张宝法能一一叫出姓名，一些员工的家庭状况他也了然于胸；张宝法有一辆“林肯”轿车，员工们生了病，他就用“林肯”送医院，常常使医生们惊奇，以为是什么大人物来看病了，其实从轿车里下来的却是穿着沾满油泥衣服的通用员工，真所谓于细微之处见真情呀！试问，国内无数个言必称以人为本的企业家，有几位做到了这点？

(2) 不但真，而且合理。他重视调动员工的积极性，1993年公司就实行了基本工资加超额奖励制度，有些员工每月超额奖就有1000多元，最高的达到1500元。但他又十分爱护员工的身体，规定一般每天工作时间为7～7.5小时，晚上加班最迟不得超过8时。知道用奖金调动员工积极性的老板很多，但与此同时还知道用制度来防止员工不爱惜身体的老板却不多，甚至于绝无仅有。我们时不时会从媒体上看到某某人为了企业、为了伟大的事业积劳成疾，鞠躬尽瘁过劳死，或者某某企业的员工在连续几天加班加点后猝死。我觉得张宝法才是真正地关心员工，爱惜员工，把员工真正当作与自己是一样的、平等的人对待。

(3) 将情感管理融入进制度管理之中。如员工工作变动、职务升降、退休养老等必谈；职工受表彰奖励或批评处分必谈；干部、党员进行考核、考察或民主评议必谈；员工反映情况、提合理化建议必谈；新员工进厂、老员工离厂必谈。员工生病住院必访；员工家庭遇天灾人祸必访；员工生活工作上有困难必访；员工结婚生小孩必访；员工家庭不和睦必访；员工退休养老在家必访。

其有待关注之处在于：

(1) 如何将员工对张宝法个人的感情转化为员工对企业组织的感情。我们通篇看下来都是讲张宝法个人如何关心员工、情系员工，而鲜见宁波通用作为企业组织对员工有多大的关爱。即使宁波通用是一家产权归张宝法个人的民营企业，张宝法个人在一定程度上就代表着企业，依然存在一个企业组织的情感表达问题。张宝法个人的情感表达与宁波通用企业组织的情感表达在效果上大相径庭，个人的情感表达使受惠员工感激张宝法个人，至于张宝法之外的其他人则很可能另当别论；企业组织表达使受惠员工感激企业组织，使员工爱岗敬业，只要对组织有利，只要是岗位所需，员工都会主动地、自觉地去维护。企业组织表达相对于张宝法个人表达具有规范性、稳定性、可复制性。尤其是企业做大规模以后，若没有企业组织表达、职位表达，无论张宝法个人多么好、多么善良、多么有情义，都可能把事情引向主观愿望的反面。当然讲企业组织表达得有个前提：宁波通用是一个真正意义上的企业组织，而非建立在张宝法个人权威之上的一个群体。

(2) 企业的情感投入需要建立在对员工情感的通盘计划之上，以利全面系统的组织、指挥、协调和控制。张宝法在员工情感投入方面已做得很多，有的甚至远远超出了员工的期望。单独地看，每一种做法都有其道理，但如果是把它放在我们所讲的情感管理之中去考察，则不尽然。企业所期待的员工情感有多种多样，这里面必定有个主次先后、轻重缓急的考虑，因而有必要从企业的实际出发进行合理的统筹。情感管理虽然是放在企业组织内无法讲价，无法用价值来衡量的地带，但情感管理却是要投入资源，付出成本的。

既然有投入，就得讲究效率，讲究有的放矢。也许张宝法是有其通盘计划的，只是没有写出来而已，但愿如此。

（3）把握好情感投入的度。身为宁波通用的员工自然希望能与张宝法之间建立起情同手足、情深似海的关系，但过深过厚的情感对于一个市场竞争中的企业组织有时会成为负担，对企业是负担，对员工有时也一样是负担。企业情感管理的目的是得到符合企业发展需要的员工情感，而不是紧密得无以复加的情感，这一点应当明确。

第四章　创新至尊

> 穷则变，变则通，通则久。
>
> ——《易》

☺ 什么是我们所讲的创新

我们检验创新与否的标准有二，即前所未有的和能给企业带来真金白银的。

前所未有的道理不必讲，问题在于其特定的企业范围。一项技术，在竞争对手那儿或许早已采用，算不上新鲜，但对本企业来说，却是大姑娘上轿第一回，所以应当视作创新。反过来，倘若员工小陈对激光技术有兴趣，利用业余时间坚持不懈地钻研，并小有收获，于社会是十足的创新，在企业却不是，因为他的新技术、新产品未能移植到企业。

能给企业带来真金白银讲的是不仅要有新技术、新产品，而且企业采用后，能增加实实在在的收入，有看得见摸得着的利益。企业就是企业，企业创新的目的是为了逐利，没有了利益可言，当然不能称之为创新。

前所未有是先决，能给企业带来真金白银是核心，两者缺一不可。按此标准，企业创新涵盖的范围极广，有技术创新，也有管理创新；有技术管理精英的创新，也有一线员工的小改小革；有新产品新市场的开发，也有一条合理化建议一个新点子的采纳；甚至于曾经引进的技术、产品、管理方法，如ERP，因为当时的条件所限，未获得成功，而今，万事俱备了，重新捡起来重新应用，只要有效，都算是创新。总之，创新既不是技术攻关的代名词，也非少数技术精英、管理精英的专利，创新无处不在，创新人人可为。

☺ 什么是我们所讲的创新管理

虽然有着强烈的创新意识，真正善于创新的人少之又少，但由于全社会对创新的大力鼓吹，以及创新之于企业的不言而喻的重要性，因而，员工在谈到创新时，差不多争先恐后地予以倡导，唯恐说晚了、说少了被同事视为保守。创新在企业似乎成了"绝对正确"的代名词，其实是大谬不然！创新，有如我们所言的创新，固然是名利双收，多多益善，但创新本身却是一个动态复杂的系统工程，面临着众多的不确定性。像企业常见的产品创新，从产生一个创意到产品概念设计、工艺设计，再到市场化、产业化，每一步都是一个惊险的跳跃，其间的任一环节出了差错，都可能导致创新走向愿望的反面，轻则多绕几个圈子，费时费力，事倍功半，重则迷失了方向，钻进死胡同，给企业带来灭顶之灾。

减少或消除创新过程中的各种偏差，全仗我们所讲的以企业创新为对象的管理。有了这样的创新管理，企业的创新再不是自发的、零散的、无序的、偶然的，而是有计划、有组织、团队协作、持续不断的。这样的创新管理虽不能将创新过程中的偏差完全克服，但能把它减少到最低限度。首先是它的前瞻计划性，能降低创新行为的盲目性，努力使创新符合企业目标市场的需要；其次是它的组织协调性，能有效地将个别员工的创新潜能转化为企业的创新合力，提升企业的创新效率；再次是它的风险防范性，能未雨绸缪，化解大量的风险于无形；还有它浓厚的创新氛围和健全的创新机制，能催生出创新的沃土，扩大创新的人力基础。总之，创新管理带给企业的将是迥然不同于以往的新风貌、新景观。

我们所讲的创新管理中的“创新”是名词，而非动词。作为动词的创新管理，也就是对企业管理的创新，当然是作为名词的创新管理的一部分，但不是全部。作为名词的创新管理包括了创新理念、创新文化、创新氛围的营造，创新机制的建立，创新团队的组建，创新人才的培育，企业创新的规划、组织、协调、控制、奖惩以及风险评估与防范等全部内容，是一种全员、全方位、全过程、全系统的管理。

☺ 什么是创新管理的目的

目的一：提升企业的创新效率。“唯一不变的就是变”和“快鱼吃慢鱼”是统领知识经济社会的两大法则，它们当然也适用于当今日益激烈的市场竞争。“唯一不变的就是变”指的是企业创新，“快鱼吃慢鱼”讲的是企业创新的速度和效率，两者合在一起就是讲企业不但要注重创新，而且须讲究创新的速度和效率。企业虽重视创新，但如果创新的速度和效率低了，依然会惨遭市场淘汰。讲起速度和效率，我们马上会想到个人计算机、办公自动化、互联网等高效快捷的工具和手段。的确，个人计算机、办公自动化、互联网的出现，极大地便利了企业的创新，但必须看到，个人计算机、办公自动化、互联网再怎么方便快捷，也还是一种工具和手段，它们永远代替不了机制和人，一个快速应变的机制和善于驾驭这一机制的人才是真正的快。我们应当坚信，比个人计算机、办公自动化、互联网更快的只能是以创新为对象的管理。创新管理一方面通过简便、快捷的流程设计，减少不必要的环节，大大缩短创新活动的过程，从机制上提升创新的速度；一方面又可借助计划、考核的手段，去激发员工的创新潜能，提升个人和企业组织的创新效率。

目的二：不断地否定自己，超越自己，永续经营。我们时常可以看到一次成功的创新，在给企业谋得巨大的竞争优势，利润上升、市场扩大、增长迅速的同时，也带给企业自以为是、人员膨胀、骄傲自满、反应迟钝的“成功综合征”。“成功综合征”的症结不在成功，而在成功者对成功的态度，成功者如果视一次成功的创新为取之不尽、用之不竭的资本，放大并滥用一次成功创新的经验，从此裹足不前，抱残守缺，则其进锐者，其退速，成功变失败之母。反之，成功者视一次成功的创新为千里之行的起点，持续创新不动摇，一切以时间、地点、条件为转移，与日俱进，一往无前，则长江后浪推前浪，不尽成功滚滚来，成功为成功之母，永葆活力，基业常青。

《西游记》中有一出描述二郎神与孙悟空大比变身术的精彩场景：孙悟空变麻雀，二郎神变只饥不择食的饿鹰；孙悟空变条小鱼，二郎神变只以逸待劳的鱼鹰；孙悟空变条水蛇，二郎神变只俯冲直下的灰鹤。你变我也变，道高一尺，魔高一丈。谁英雄，谁好汉，咱们变变看，看谁变得快，看谁变得巧，以变论英雄。企业也是这样，外部的市场在变、客户的需求在变、竞争对手在变，一切皆变，企业也必须以变应变，顺变者昌，不变者亡。

自己跟自己过不去，自己反对自己，自己批判自己，自己打倒自己，持续的否定、持续的创新、持续的突破，无疑是渊源于市场环境中所有健康长寿企业，放之企业而皆准的真经。

持续地变，快速地变，正确地变，恰恰是创新管理所孜孜以求的。

☺ 什么是创新管理的要点

创新管理的要点依然可传承制度管理、情感管理而分为两类：一类是由管理的共性而来的五大要点——计划、组织、指挥、协调、控制；一类是蕴涵于五大要点之中的，贯穿于创新管理全程的核心理念——“一反二合理”。

对于共有的计划、组织、指挥、协调、控制要点，我想就计划的必要性谈点看法。

成立于1902年，总部位于美国明尼苏达州的3M公司，堪称产品创新的典范。其独一无二的价值观认为，创新不是刻意得来的，无论谁有新的思想，不管那思想听上去多么荒唐，我们都得听听。因而在3M公司几乎任何新产品构想都可以接受。尽管他们是以喷漆工业为主，但从不排斥其他类别的新产品。只要新产品的构想能符合公司财务上的衡量标准，如销售增长、利润等。3M公司生产大到采矿设备，小到民用胶水等6万多个产品，而且每年都有200多种新产品诞生。HP的创始人休利特先生在被问到谁是他最为崇拜的模范公司时，不假思索地说：“3M公司。你永远不知道他们下一步会推出什么，奇妙的是他们很可能自己也不知道下一步会推出什么。”

3M公司除要求员工履行规章制度外，从不对员工的工作环境作出限制。尤其难能可贵的是，3M公司还专门规定每个员工有15%的时间可以用在自己选择和主动提出的计划或项目上，即时贴的发明就是极其成功的一例。有一天，即时贴的发明者席佛在教会唱歌时注意到，为了方便找到要唱的歌，唱歌者习惯把小纸条夹在要唱的地方当作记号，但稍不留神，纸条就飞到地板上，或掉进赞美诗歌本的夹缝中。他由此想到：“如果我在这些夹条上涂点黏胶，不就好了吗?”他当即决定致力于这一新产品的创新。他把浓度不同的黏剂搅拌在一起后涂在纸上，但出来的产品并不怎么讨人喜欢。关键时刻公司组成了研究小组，全力支持新产品的开发，几经周折终于获得了成功。

3M 公司在产品创新上的另一个被世人所津津乐道的地方是其对创新能手的制度激励。譬如，约翰也许开始只是个生产一线的工程师，领取这一职级最高或最低的薪水，一旦他的产品打入市场后，就可提升为“产品工程师”；当产品每年的销售总额达到 100 万美元时，就是“具有充分资格”的产品，而这时他的职称与支薪等级都有了重大的改变；等到该产品销售额突破 500 万美元大关的时候，他就可以做到整个产品系列的“工程技术经理”了；假如该项产品再进一步破了 2000 万美元大关，就可升格为一个独立的产品部门，他若是开发该产品的主要技术人员，这时就自然成为该部门的“工程经理”或是“研究发展主任”了。

我之所以不惜笔墨地将 3M 公司的创新之道呈现出来，是因为它很容易使我们产生一个错觉：企业对员工的创新不应加以事先的计划管制，一切听任员工去自由发挥，创新什么完全凭他们的兴趣和机缘巧合说了算。的确，3M 公司是这样做的，并且取得了长期的成功。但是否由此就可以得出创新不需要计划的论断了呢？否！我们若稍加留神就不难发现，3M 公司与其说是一家生产制造型公司，倒不如说它更像是一家风险投资公司，或者是一个新技术产业孵化基地。试看 3M 公司的创新重点主要是放在创新文化、创新环境的培育和创新能手的制度激励上；放在千方百计地去点燃员工创新的激情、调动员工的创新积极性上。至于员工创什么样的新，则不作过多的限制。只要符合公司有关的销售、财务指标即可，就能被公司立项、投入生产和销售。如果有谁还能进一步从中脱颖而出，做大规模，达到独立产品部门的设置门槛，公司将立马给他搭建更加广阔的舞台。这与典型的风险投资手法不是大同小异吗？所不同的只是风险投资不管员工的创新和创新成功后的生产销售，而 3M 公司却有效地将创新、风险投资、生产销售融为一体。

既然 3M 公司有着迥然不同于一般企业的创新机制，那它的创新之道就难以作为其他企业效法的榜样。事实上，绝大多数企业都有着明确的市场定位和产品研发目标，同时，资源也是十分有限的。如果不能在事前对创新给予必要的计划管制，仅仅是盲目地向 3M 公司学习，一切任由员工去天马行空，那不但不能集中资源做重大的创新，而且也要因为缺少了 3M 公司特定的机制，带来创新活动的效率低下和资源的极大浪费。所以，我主张在企业的创新上，特别是重大的技术、产品创新，或者在事关全局的管理变革上，一定要有事前的计划管制，要始终坚持将计划作为企业创新工作的第一步，有的放矢。至于通常的小改小革、合理化建议，虽不用详细的计划管制，但大略的方向性引导也必不可少。否则，一样要广种薄收，得不偿失。

有一点需要特别指出：我们有关企业创新要进行事前的计划管制的论断不能和专业化经营画上等号，尤其是从企业发展的长远来讲。专业化经营是将企业的业务限定在某一个行业的范围内，不允许越雷池一步，而针对创新进行事前的计划管制中虽然也包含了对创新方向的限制，但这种限制可以是一个行业也可以是几个行业。即使是一个行业，仍存在一个时效的问题。这种计划管制的时间只对被管理的特定的创新活动和特定的战略规划期有效，不是长期的、普遍适用的，更不是永远的。

对于蕴涵于共有的五大要点之中的“一反二合理”理念，我继续分别开来讲。

何为反？汉语言文学中用来形容创新的成语有革故鼎新、破旧立新、吐故纳新、推陈出新、不破不立等，这里存在着一个显而易见的共性，也就是所有的鼎新、立新、纳新，都是建立在对故、对旧、对陈、对传统的或革或破或吐或推之上，先有对故、对旧、对陈、对传统的怀疑和批判，乃至彻底的否定，再有鼎新、立新、纳新的空间。一切的故、旧、陈，固然不能说成是全盘皆错，一无是处，至少那陈年的老酒、老醋之类还是越陈越香的，但若缺少了一颗对它们的怀疑和批判之心，视一切现存的、眼前的为完美无缺与永远不朽，则肯定大错特错。世上没有绝对的永恒的真理，任何事物都是一分为二的、暂时的，都是矛盾的对立统一体，都能从它的对立面、反面、侧面、另外的方面找到改革创新的可能。所以，我们的“反”指的是反观、反思、反问、反听、反省、反常、换位思考、换个角度看问题、襟怀坦白的批评与自我批评、反驳、反其道而行之，而非反感、造反、谋反、反悔、反复无常。老子的“反听之谓聪，内视之谓明，自胜之谓强”也有相近的意思，只有听得进各种意见，包括反对自己的意见；只有主动地解剖自己，查找自己的不足；只有自己革自己的命，自己改掉自己的毛病的人，才能不断地获得新知和新生，才算得上真正的聪明和强者。

反既是创新的起点，也是创新的手段。作为起点的反，贵在持之以恒。一次适时、适当的反，只能产生一次成功的创新，诞生一个相对优势的产品或一场效益显著的管理变革。但一方面新产品、新管理并不会一蹴而就，至高无上，依然有反思、反观、反问、反省的一面；另一方面，市场竞争对企业的创新要求也是长期的、持之以恒的、无止境的。如此，企业就不能毕其功于一反，而要一而再，再而三地反。每反一次，得到一个新产品，新产品接下去反，反出更新的产品，越反越新，越反越精美，越反越兴旺。这种持之以恒的“反”在哲学上表现为由肯定到否定，到否定之否定，至否定之否定之否定，螺旋式上升，创新中成长。活到老，否定到老，生命不息，创新不止。

作为手段的“反”，贵在制度保障。在组织中倡导批评与自我批评无疑是一个不错的理念，但实际做起来却很难，批评别人难，自我批评更难。为什么呢？因为我们历来喜欢讲人情、讲面子，你不讲我，我怎么好意思讲你？我不讲你，你也不会讲我，所以你好我好大家好，一团和气了事；因为我们没有制度的保障，仅仅是依靠个人的主观自觉，谁又愿意自爆家丑？家丑不可外扬嘛，除非迫不得已，政治上被打倒，靠边站，不得不自我批评。作为企业创新手段的反思、反观、反问、反省也不能免俗。反自己定下的制度、自己开发的产品，既可能碍于视角，自己看不到自己的毛病，也可能限于自我手术效应，自己下不了手；反别人定下的制度、别人开发的产品，怕会丢了上司、同事的脸面，创新虽好口难开呀！怎么办？只有靠制度。制度就不同了，制度是刚性的、一视同仁的、必须执行的，你不反别人，别人一样要反你；你磨磨蹭蹭不肯反自己，别人可不客气，与其被动，不如主动；靠把外部的竞争制度移植到企业内部，像在宏观的市场层面那样，在员工、岗位、部门之间，确立起鼓励竞争，鼓励反思、反观、反问、反省的制度，反得好的受奖赏，不能反不肯反的遭淘汰。

制度的功效是长期的，因而以制度作保障的反也是持之以恒的。

何为合理？合理的要求分两种，第一种是创新的产品、制度本身要合理，要合于自然之理和社会之理。譬如，创新的产品的经济技术可行性如何？能否进入大批量投产？产品性价比如何？消费者到底感不感兴趣？又如创新的制度有无借创新之名，行保守之实？可操作性怎样？有无与国家的法律、法令相冲突之处？员工有什么样的反应？……反虽然是创新的起点和手段，但反不等于创新，由反而来的产品、制度要经得起严格、严密、严谨的合理性求证，经得起市场和企业管理实践的检验才行。反与合理的合二为一，才能称得上真正的创新。

第二种是对创新的管理要合理，要合于企业创新工作的规律。我们以夯实企业创新工作的基础为例，其规律性的方面有创新环境的营造、自尊自信自主自强精神的培育、创新兴趣求知欲好奇心的激发、创新知识技能的学习及创新机制的建立。

首先看创新环境的营造，主要通过不遗余力地向员工灌输创新的理念、在公司上下鼓励冒险并宽容失败、确保知识信息传递的顺畅与共享来达成。

我将创新的理念理解为一致地追求不一致。一致的意思是每个员工都要努力地创新，不一致的意思是追求与现有产品、管理的不相同的地方。创新的理念似乎已深入人心，因为所有的企业、所有的人都在起劲地讲、不厌其烦地讲，再讲似乎已成多余，其实未必。讲得多仅仅是一种表象，绝大多数的讲还停留在光说给别人听、光说不做、光说不能融入制度、光说不允许手下去做的地步，这样的说还不能称之为理念，要能成为名副其实的理念，除说外，更要念念不忘，铭心刻骨，付诸行动。

世界上有很多类似于美国硅谷的高新技术园区，像英国的、日本的、中国台湾的、中国内地的不胜枚举，但真正成功的、能和美国硅谷相提并论的却迄今也没有。问题的根本不在资金、政策，而在那种浸透到高新技术园区血液中的冒险精神和失败者环境。高新技术的核心竞争力、生命力是创新，创新首先靠鼓励冒险，冒险就意味着可能失败，而且是有着很高概率的失败；失败需要宽容，没有对失败者的宽容就没有冒险家在创新道路上的前赴后继，当然也就没有创新成果的纷至沓来。看看我国的失败者环境吧！我国的失败者环境无疑是世界上最为险恶的、最不可理喻的失败者环境：失败者既要承受冷嘲热讽、幸灾乐祸，又要当心落井下石，内心还要永久地、沉重地压上一个巨大的负罪感！如此的失败者环境不能不令我们忧心忡忡。

企业的创新过程，同时也是知识信息的再加工、再创造过程。因而，企业不只要收集、积累有用的知识信息，更重要的是将有用的知识信息放到一个能够为广大员工所共享的平台上去传播、交流和碰撞，使之迸发出灵光一闪的智慧火花，推动创新的诞生。企业内影响知识信息传递的障碍通常有个人意识的、组织制度的、部门利益的、企业内不当竞争的、在保密的名义下形成的等等，企业必须将所有妨害知识信息传递的障碍逐一地找出来，并加以彻底地消除，知识信息的畅通无阻和充分利用才是可能的。不然，只能是管理者的一厢情愿。

其次看自尊自信自主自强精神的培育和创新兴趣求知欲好奇心的激发。室外观光电梯的创意据说是由一位毫不相干的外行率先提出的。如果这事放在中国企业，起码会遭遇两方面的问题。一方面身为一窍不通的外行会担心受到专家们的白眼而欲言又止："人家那么多的专家都百思不得其解的难题，我一个外行懂个啥，我如果不自量力地信口开河一番，肯定会被他们冷嘲热讽，何苦自取其辱来着?"另一方面，身为学有专长的内行会出于维护自尊的考虑而对此不屑一顾："我们专家都束手无策的事儿，你一个外行能有啥办法?你也有资格讲话，凑什么热闹!"我们说"反"是创新的起点，但什么又是"反"的起点呢?"反"的起点在于对员工自尊、自信、民主、平等精神的培育和创新兴趣求知欲好奇心的激发。道理很简单，一个员工如果连基本的自尊都没有，自己不相信自己，怎么可能有勇气去反思现有的管理和反观现有的产品呢?或者说员工虽然有很强的自尊、自信，创新兴趣浓厚，求知欲旺盛，好奇心强，但企业管理层藐视员工，不肯以民主、平等的态度对待员工，员工即使充满了反的愿望，也没有反的机会。我国历来缺少对平民百姓的尊重，人民长期匍匐于封建专制的淫威之下，自尊、自信精神严重匮乏，更谈不上普世的民主平等观。远的、大的不谈，近的、小的就有一个所谓的"知名"教授，竟以企业员工与管理层在地位、权力、待遇上不可能做到完全一样为理由，否定在企业确立公正、平等的必要性，他甚至认为企业应该把员工当狗看才对。如果他的说法能够成立的话，那么，天底下所有的统治者都可以把人民当狗，他的校长也可以把他当狗。我们的"知名"教授的认识尚且如此，更遑论一般的平民百姓了。离开了自尊、自信、民主、平等的员工，企业要想成为当之无愧的创新主体，也属痴心妄想；推而广之，在国家的层面，若没有国民自尊、自信、民主、平等精神的长足提高，那种寄希望于在未来十年二十年的时间内把中国建成创新强国的想法，也一样的不切实际。

再次看创新知识技能的学习及创新机制的建立。企业员工的工作绩效大致取决于两点：想不想干和能不能干。想不想干与企业的考核、分配、用人机制有关，企业能做到按劳分配、奖勤罚懒、优胜劣汰、公平公正，让员工感到有奔头的话，自然想干；能不能干与后天的学习培训有关，企业有健全完善、针对性强、注重实效的培训体系，有浓烈的学习氛围，使员工熟练掌握各种为工作所必须的知识技能的话，自然能干。想不想干和能不能干的道理也适用于员工的创新。“想不想创新”我们姑且不谈，“能不能创新”也就是创新者知识技能的多少，对创新绩效的影响表现在一方面有价值的创意的诞生需要很强的观察能力、分析能力、想象力、跨专业知识与系统集成的能力和一系列的方法技巧；另一方面，一个新鲜的创意最终要想成为一个优质的产品，中途会碰到各种始料未及的困难，解决这些困难要看创新者有无相关的知识技能。创新者所掌握的知识技能越多，且融会贯通的能力越强，创新成功的可能性则越大，反之则越小。通过企业的培训来使员工获得从事创新所需要的知识技能不失为一条有效途径，况且现代的创新理论、方法与工具也正是一门可以传授、系统掌握的科学。因此，我觉得把员工创新知识技能的学习培训作为企业创新工作的基础之一是恰如其分的。

创新机制之于企业创新工作的必要性有如制度保障之于“反”，无须再述。我只想借此将我早先就“合理对抗的创新机制”的表述向读者诸君作个简要的介绍。

合理对抗的创新机制可表述为：给企业的每一部门、车间负责人配备一名集举错、创新、叫板职责于一体的对手。这个对手不是部门、车间主管的副手，不属于行政管理人员的序列，不具有管理职能，和一般员工一样，有他的日常工作。其专有的举错、创新职责是通过他在工作中的观察与思考来履行的。不过，这样的对手毕竟不同于一般员工，他的文化素质、创新能力、业务技能要高于一般员工，是员工群众中的佼佼者。因而，他除享有一定待遇外，还享有履行职责所必须的权利，如查阅内部资料权、列席有关会议等。他的举错、创新、叫板职责具体有三：①负责对本公司、部门、车间现行规章制度、标准定额、操作规程、技术、工艺设计文件中的缺陷及执行中的存在问题，日常生产经营管理、现有产品、新产品开发、技术攻关中的失误进行查找列举；②针对上述不足，在调查研究、虚心听取同事意见、集思广益的基础上，独立思索，积极创新提出改进的意见措施；③作为对手，在年终岁首的干部考评竞争中，以自己的特色管理、创新方案与部门、车间现任主管竞争、叫板。对手产生的途径多种多样，不拘一格，可以是员工毛遂自荐，也可以是他人举荐，或是从经常的合理化建议征集中、内部技术市场招标中发现，但不管是何种形式，都有必要经考核择优上岗。对筛选出来的对手，要实行严格的汰劣制度，每年的淘汰率不得低于30%。相应的，对部门、车间现任主管也要保持一定的汰劣比例，以20%左右为宜，如此既能保持企业行政管理队伍的稳定与连续，又使对抗真正做到顶真碰硬，而不致流于形式，徒有虚名。

如果说对抗尚有其残酷、非理性的一面，令人生畏，那么给对抗加上合理的限制，使对抗具有规范性、公正性、有益性，则使对抗为现代企业所乐于接受。规范性是指对抗的方式方法、评判标准事先用一整套规范进行调节；公正性是指对抗规则的制定，对抗双方孰优孰劣的评判都是公开、公平、公正的；有益性是指对抗以有益于企业的发展为原则。

☺ 什么是创新管理的难点

难点一：企业创新的风险评价。我们时常会在企业的创新工作中看到“有心栽花花不开，无心插柳柳成荫”的现象。比如有个以模具制造技术见长的老板，早年靠模具加工掘得了第一桶金后，产生了做大做强的欲望，于是一连开发了好几个产品，包括如今虽飞入寻常百姓家，但那时的市场尚在酝酿之中的饮水机，统统胎死腹中。直到有朝一日于不经意间接触了让他峰回路转的婴儿车后，才慢慢地步入了佳境。创新本身固有的不确定性使企业的创新工作面临着很大的风险，并且难以评价和掌握，即使是世界五百强中的佼佼者也不能例外。像静电复印机在它面世的最初五年里，就先后被柯达、国际商业机器公司等二十多家知名公司拒之门外。

难点一的克服有赖于企业家的高瞻远瞩。人站得高看得远的道理谁都懂，问题是我们用什么看？因为用肉眼看和用高倍望远镜的结果是大不一样的，用肉眼看，稍微远一点，就会变模糊，顶多看个大概；用高倍望远镜看，虽然也有一定的限度，但不是肉眼所能同日而语的。企业创新的风险评估也是这样，决策者如果仅仅凭个人的经验感觉，稍微复杂一点，就会如坠云里雾里，不辨东西；如果是运用先进的风险预测模型和分析工具，虽然一样会出现失误，但相对要小得多。要知道有心栽花花不开毕竟不是一种常态、一种必然。有心栽花花满园的大有人在，特别是栽花者的专业知识越丰富，花满园的可能性越大。无心插柳柳成荫也要看插在何处，如果是插在春风不度的玉门关之西，柳成荫的可能性就会为零。

难点二：企业管理的创新或管理的变革。创新虽不能与技术创新画等号，但很少有人会自觉地把管理的创新涵盖其中。中国企业在引进西方的技术时，由于虚心，因而不乏成功的案例；中国企业在学习西方管理时，由于自以为是，因而成功者寥寥无几。相比于技术的创新，企业管理的创新则要难得多。难在技术创新的风险人们看得到，而管理的创新的风险人们却看不到，人们总觉得管理上的事自己能懂；难在技术创新的好处是看得见摸得着的、立竿见影的，而管理的创新的好处却是隐性的、滞后的；难在企业内部反对技术创新的人少，而反对管理的创新的人众，因为管理的创新所涉及的对象是人，动辄会涉及到每一个员工的利益，而技术创新所涉及的对象是物，前者比后者更加复杂，会遭遇更多的阻力；难在技术创新是有组织、有计划的，而管理的创新却是随便的、无序的，企业在管理的创新上缺少必要的计划与统筹，“铜匠的担子走到哪里响到哪里”，想到变就变，说变就变，直到变不下去时一声叹息为止。难点二的克服有赖我在《以权威破除权威》一书中的新思维。

难点三：创新精英的识别与管理。像发明大王爱迪生仅读了三个月的书就被勒令退学，进化论的创始人达尔文的父亲及其老师断定他不会有出息，诸如此类的例子之所以层出不穷，原因在于创新精英自身的卓尔不群，但平凡的人们总不能以同样的卓尔不群去理解创新精英。因而就连马克思也曾发出“只有天才才能认识天才”的感慨。我国古人一样有惺惺惜惺惺、人以类聚物以群分、同声相应同气相求之说。既然是精英，而且是创新的精英，其管理之道就必须非同一般。管人的关键在攻心，攻心的关键在设法满足人的需要，所以管理创新精英的首要之点是弄清他们在哪些方面卓尔不群。是个性、兴趣，还是智商、价值取向？或者是兼而有之？然后才能从创新活动的规律出发，因势利导向企业的创新目标，顺其卓尔不群的方面自然而然地驾驭他们，管理好他们。

我手头有篇《用心管理科技怪才》的文章，其中的七点建议对企业管理好创新精英颇具借鉴意义，现摘录于此，以飨读者。①要了解科技怪才的社群。科技怪才在他们自己的社群中，社交能力很好。他们的自我意识很强，所以带领科技怪才不能像对待一般员工一样对待他们，而要以对待篮球明星的方式来管理。②要知道科技怪才追寻什么。这是管理科技怪才最紧要的地方。他们以科技创造财富，故认为分享财富理所当然，但他们更希望有影响力，最在意成就是否受到肯定，如同科学家向往诺贝尔奖一样。③创造新方法来晋升科技怪才。大多数科技怪才无法变成好主管，因此应让他们有另一种专业晋升渠道，并搭配奖项、配股与非财务性报酬。④科技怪才不是问题，也不是解决方案。只要了解目标是什么，科技怪才便会自动组织起来去解决问题。千万不要干涉他们用什么解决方式，否则会适得其反。但要观察他们的努力与你设定的目标是否一致。⑤对科技怪才最好的裁判是其他的科技怪才。同类团体的压力是激励彼此竞争的原动力，也是检验表现不佳人员的好办法。让不同的专案领导人彼此交流，他们自然会讨论、批判与竞争，表现不好的人就会被发现。⑥找寻出科技怪才的真正领导人。每一个专案都有真正的领导人，而且常常跟名义上的领导人不同。注意观察整个团队，很容易看出谁是真正的领导人，让这些领导人士气高昂并获得资源。⑦当拒绝科技怪才的建议时，你要有所准备。当你因为业务考量而拒绝科技怪才的建议时，他们还可以接受；但如果是科技考量时，你要找他们尊敬的科技专家来跟他们解释。

难点四：创新团队的管理。管理单个的创新精英已困难重重，管理由来自不同专业的创新精英组成的创新团队当然会难上加难。难点四的克服办法已部分蕴涵于难点三的论述之中，这里仅仅就“哪种类型的人才能胜任创新团队的领导人”问题作两点补充。一类是凭借自己的专业知识赢得同行尊敬的、货真价实的学术带头人；一类是能充分尊重创新精英的意见，倾听他们的心声，为他们提供除专业知识之外的全部帮助的外行。领导虽然是外行，但他能尊重、理解、关心创新精英，为他们解决好工作生活中的困难，做创新精英的贴心人，一样能令创新精英们心服口服。由于企业中能将两类人的优势集于一身的人少之又少，因此，在现实中对创新团队的领导是将两种类型的领导有机结合在一起，协调在一起，并且协调的责任主要由外行的领导承担。

难点五：创新文化的建设。无论在国家的宏观层面，还是在企业的微观层面，我们对创新的倡导已经有很长一段时间了，但实际的效果并不理想，甚至整个国家的创新能力在一些权威的国际排行榜上还呈现出连年下降趋势。为什么呢？因为我们不能用全面的联系的眼光来看待创新文化的培育，不能把创新放在一个相互依存、相互支持的理念体系中来考察，往往就创新论创新，只见树木，不见森林，以至于创新的口号虽然被喊得响彻云霄，但无法着地生根，无法转化为生动的实践。如此，我们不妨把创新理念比作是一座冰山的露出水面的部分，而把拿来支持创新的竞争、规则、团队、沟通、协调、公平、公正、公开、平等、开放、全球化、和谐、学习、专业、精细、系统、科学、民主、自尊、自主、冒险、多元、宽容、简单、合理的私和适度的公、双向互为忠诚、重业绩重个性重能力等另外的 27 个理念比作是冰山下看不见的部分，两部分的有机融合才能构成一个完整意义上的创新文化体系。少了其中的任何一个，我们培育创新文化的效果就会大打折扣。例如，丢开开放，我们的创新就会流于闭门造车；丢开民主，我们的创新就会失去很多重要的真知灼见而陷于狭隘；丢开重业绩重个性重能力，创新人才得不到重用，享受不到优厚的待遇，他们的积极性就会受到伤害。创新文化的培育之所以难，难就难在它是一个相互依存相互支持的体系。需要我们培育的不只是一个孤零零的创新，而是包括创新在内的 28 个理念；不是某一理念的孤军深入，而是着眼于传统的不利于创新的陈旧的理念体系的颠覆。一花独放不是红，万紫千红才是春。而体系的改变又是漫长的、潜移默化的、欲速而不达的。

有读者或许会想："不会吧，事情没有你讲的那么复杂，一般的中国企业虽缺乏理念体系的改变，但一样有创新，而且还有重大的创新。"的确，我们得承认事实。但又必须看到一般中国企业的创新是一种集中精力办大事式的创新，这样的创新，由于离开了广泛的员工参与和理念支持，偶然的咬紧牙关一跺脚可以，长时间却不行。前苏联曾经靠高度集权的国家机器，于短期内集中财力办成了像原子核、人造地球卫星之类令西方世界震惊的创新，但由于前苏联的经济细胞——企业，普遍存在着严重的低效和僵化，在经济基础薄弱的情况下国家能够集中起来的财力非常有限，特别是不能持久。后来，轮到戈尔巴乔夫上台时，集中财力办大事的国策渐渐难以为继，和美国进行的军备竞赛陷入了绝境，不能不通过改革来苟延残喘。我们可以举一国之力，培养出一批能在奥运会上摘金夺银的体育健儿，但中国能算是一个真正的体育强国吗？不能，因为我们还不能将强身健体的理念普及于民，千百万平民百姓还没有参加进来。企业创新也一如前苏联的集中财力办大事和我国的体育，若没有广大员工的参与和理念体系的改变，再多炫目的创新，也难免因根基不牢、后劲不足而无法行之久远。

☺为什么说“创新至尊”

创新至尊的名词解释：创新管理让消费者拥有至尊的享受，使企业登上至尊的高位。

（一）创新至尊的理论依据

说起至尊，自然会想到被古人称之为九五至尊的皇帝。九是最大的，五是居中的，而九五至尊就是指万人之中最大的、居中的那个人，当然非皇帝老儿莫属了。市场经济由于是以消费者为上帝的经济，注意是上帝，而不是皇帝。论地位，天上的皇帝是老子，人间的皇帝是儿子，老子大于儿子。因而，消费者更有充分的理由被奉为至尊。于是就引发出我们所言至尊的第一个含义：让消费者拥有至尊的享受。

作为企业，怎样才能让消费者拥有至尊的享受呢？仍然还是那句老话：人无他有，人有他优，人优他廉。他提供给消费者的要么最新，要么最好，要么最好加最便宜的价格，这等的享受，当然算得上至尊。

作为消费者的我们，在碰到一家真的能担当得起这 12 个字的企业时就别无选择，就不能不像一首歌中所唱的那样：他主宰，我崇拜，没有更好的选择，只能爱他！人家没有的东西，他有，只能爱他；人家有的东西，他优，只能爱他；人家一样优质的东西，他廉，只能爱他。不但爱他，而且，爱他没商量，因为他什么都是最好，不爱他爱谁？

他不仅一时一地地做到最新、最优、最廉，重要的是他能做到长时间的，一天又一天、一年又一年的最新、最优、最廉。有了这样的最新、最优、最廉，消费者当然要感激涕零地、矢志不渝地爱他；永远做他的忠诚顾客，铁杆顾客。大量地购买，重复的购买；自己购买的同时还会介绍亲朋好友们一起来购买，一传十、十传百，生意兴隆达三江，财源茂盛通四海，进而，众星捧月般让他登上行业的顶峰。于是，又引发出我们所言至尊的第二个含义：使企业登上至尊的高位。

至尊——让消费者拥有至尊的享受，使企业登上至尊的高位——以人无他有、人有他优、人优他廉为标志的至尊是一种结果，这种结果只能从技术和管理的创新中来。试想，企业若没有新技术、新发明的应用，哪来的人无他有的新产品？没有对老产品生产制造技术的精益求精和持续改进，哪来的人有他优的好产品？没有新材料、新能源、新的管理方法的推广，哪来的老产品的人优他廉？还在上中学期间，我们就通过政治经济学的灌输，知道了资本主义社会的市场竞争是促进企业技术创新的最强大动力。多年的耳闻目睹也早已使我们深信：资本主义的市场是，社会主义的市场也是，只要是自由公平的竞争市场就一定是。

至尊，有一时的、偶然的和长期的、经常的之分。毋庸置疑，我们需要的至尊是长期的、经常的，而非一时的、偶然的。一时的、偶然的至尊，虽然也能给企业带来夺目的光彩，但转瞬即逝，昙花一现。唯有长期的、经常的至尊，才能使企业鲜红的太阳永不落。与此相应，企业创新也有一时的、侥幸的和长期的、有效的之分，我们需要的一样是长期的、有效的创新，唯有长期的、有效的创新，才能使企业百年至尊。

长期的、有效的创新可说是企业创新工作的极致，有能力孕育出这一极致的当推我们所讲的创新管理。我们所讲的创新管理着眼于企业创新工作的全局，遵循企业创新活动的规律，固本培元，软硬兼施。既立足于机制的健全合理与功能发挥，为企业确定创新的根本，使企业循环往复地、大量地做正确的创新和正确地创新，又努力从创新文化的建设上，为企业深植创新的基因，使创新的精神一届又一届，一代又一代地传承下去，还强调员工的潜能挖掘，为企业激活创新的细胞，使企业创新的品质和效率得到大幅提升。一家企业，如果在它血液中、骨头里深植着创新的基因，充满着鲜活的创新细胞，并且循环往复地大量地做正确的创新和正确地创新时，那么它想不达到极致，想不百年至尊都不可能。

平心而论，在历经二十多年的市场风雨洗礼后，今天的中国企业家们既不缺对创新重要性的认识，也不乏创新的激情，所缺的只是对创新的系统思考和解决问题的根本之策——对创新的管理。因为没有对创新的管理，联想发生了著名的“柳倪之争”，是技术创新围绕市场转，还是市场围绕技术创新转？因为没有对创新的管理，以激光照排技术的发明应用起家的北大方正，虽然在自主创新上抒发了太多的豪情，却不能梦想成真。作为中国高新技术产业象征的联想、方正尚且如此，更不必说一般的中国企业了。因为没有对创新的管理，他们有的创新的产品一多就乱了套，过程管理乱、技术工艺文件乱、生产乱、物流乱，一团乱麻，乱成一锅粥，因创新兴，因创新亡；有的只知道要马儿跑，不知道给马儿喂草，冷了创新能人的心，为他人作嫁衣裳；有的莫名其妙地成功了一次，再也没有第二次，顽固不化地以第一次的老办法去继续第二次、第三次的创新；有的钱也投得不少，精力也花得不少，可就是难见成效，年年撒下希望的龙种，年年收获失望的跳蚤。

我们的创新管理虽不能包治企业创新工作中的百病，因为管理毕竟是一种工具，管理者与被管理者素质的高低，或者说管理者与被管理者的主观能动性如何，对工具的使用功效也起着十分重要的作用，同样的工具，有人得心应手，有人手足无措，两者的差距很大。更何况还存在一种作用与反作用，要么良性互动，要么恶性互动的关系。但不管怎样，创新管理一方面以强身健体，预防第一为宗旨，有利于增强企业的免疫力；一方面其固有的规范合理性能有效地治愈企业创新中的常见病、流行病、通病，大大降低企业创新病的死亡率，因而理应成为百年至尊路上的必备良药。

（二）创新至尊的事实依据（本章的以下部分根据《百年 GE 的真正密码》一文删改而成）

2004 年 6 月 22 日上午，个头不高、声音尖利的杰克·韦尔奇步入中国大饭店，端坐于主席台上，鱼贯而入的中国企业家们开始向其讨教大企业的运营之道。

这种“朝圣”般的心情不难理解，被歌颂为“20 世纪最伟大的职业经理人”的韦尔奇，的确是当代西方经理人的个中翘楚。他的“各业务要么在其所在行业数一数二，要么被淘汰”的理念，是企业多元化进程中自我控制最简单有效的方法；他的“群策群力”，是大企业反官僚主义最有效的药方；他的长投短贷、资本和实业互补的经营手法，是大牛市下企业成长的极聪明的手段；他的“六西格玛”，提升了制造型企业的竞争力；他虽非技术高手，但在网络泡沫破碎之前，就找到了电子商务的赢利途径；而在全球化声势渐隆之前，他最早开展国际化生产及销售……他诸多独具匠心、匪夷所思的骇俗之举，使通用电气的市值从他刚上台时的 140 亿美元飙升至 5750 亿美元。

作为一家拥有 125 年历史，生产从灯泡到飞机引擎到情景喜剧《六人行》的巨无霸公司，通用电气在韦尔奇之前，已拥有六任领导者。事实上，每人都堪称其所在时代最善变、最卓越的经理人。通用电气的成功是持续创新的成功，通用电气的伟大是由不同时期领导者的持续创新共同缔造出的伟大。我不知道通用电气是否实行了我所讲的创新管理，但我能透过对通用电气独树一帜的总裁选拔机制和总裁们前赴后继、创新不息的史实的观察，感受到它在创新上的所作所为与我所讲的创新管理几乎是如出一辙。

韦尔奇曾颇为自豪地表示，其他公司和通用电气的差别在于“他们没有接班人选拔机制”。他认为在坚守财务稳健的多元化的前提之下，确保成功的答案只有一个：在恰当的时机选择恰当的人。通用电气的每一位继任者都会突破前任的做法，而身为前任领导人的责任之一就是挑选出那个能正确变革的继承人。正是依靠这种主动的新陈代谢，才使通用电气没有像其他公司一样困守于不合时宜的管理结构、企业文化和产品线，当然也避免了多数公司被时代淘汰的命运。

韦尔奇和董事们一道，早在他功成身退的 6 年 5 个月零 2 天前，就开始了持续数千小时漫长而复杂的接班人挑选过程。最初的原则似乎只有一条：继任者一定要在公司内部挑选出来。这既让董事会对该人选有充分的考察及了解，也能保证一旦当选，新 CEO 对公司高度的熟悉，能够立刻判断公司改变的余地在哪里。1994 年，由董事会管理、发展和酬薪委员会敲定了最初的 24 名人选，按照“现成人选”、“有力竞争者”和“范围较宽的人选”分为三组——伊梅尔特和他最后的两名竞争对象均在最后一组。

考验是残酷而独到的，除了每个人每阶段的业绩，还有在各个场合表现出的能力。入选者或被淘汰出局，或在此期间跳槽。直到最后确定了三名人选，韦尔奇仍不着急作最终决定，而是让三人都离开自己的岗位，并在随后的半年内培养出自己的接班人，完成工作交接。这是最终的考核：不能成功选拔自己接班人的人，是不能担任通用电气的 CEO 的。杰夫·伊梅尔特最终胜出。虽然韦尔奇始终闭口不谈最终三名候选人的差别何在，但可以相信，三人之中，伊梅尔特是最具有战略眼光、大破大立的胆识的人。

通用电气的首任总裁是查尔斯·科芬，他借助建立强有力的集权体系，有效完成了通用电气早年合并留下的整合难题。他被人们评价为“天生的领导者，但从不下命令”，“优秀的政客及销售者的合体”。除了长于谈判，并亲笔为客户写商业计划，科芬还是富有洞见的管理者：他超越了当时大行其道的铁路公司子公司控制模式，实现中央集权，并细致规划了中层经理的权力和责任。这些被商业历史学家阿尔弗雷德·钱德勒喻为“组织一家现代工业企业的标准方式”。

他选择了成长于纽约乡下的欧文·杨作他的继任者。杨在一桩诉讼案上打败过通用电气，因而当接到科芬会面的邀请时，杨对自己的妻子说他可能被“打屁股”。像科芬一样，杨也是一个“优秀的政客及销售者的结合体”。杨在任期间，他不仅应政府要求创立了美国无线电公司，还将通用电气的业务由商业客户拓展到诸如洗衣机、洗碗机、钟表、空调和收音机这样的大众消费者领域，由此奠定了通用电气在平民中的亲善声望。

在20世纪40年代之前，通用电气一直是一家高度集权的大型企业。与欧文·杨一起执政的公司的第三任总裁杰拉德·斯沃普甚至在“二战”期间被《财富》杂志形容为“普鲁士式的独裁者”，在他的专断之下，通用电气处于一种“悖论般成功的混乱”之中：一旦某人的创意得到斯沃普认可，他立即获得执行此事的授权以及相应的头衔。虽然根本无法奢谈系统性管理，但通用电气在创新上仍保持了高度的活力，在大萧条的20世纪30年代，它成功地将年销售额由2亿美元提升至近10亿美元。但“悖论般成功的混乱”也带来了高成本和低效率：当时通用电气的冰箱由四个工厂分别生产部件，而烤面包机、钟表等小型电器同样在混乱的生产流程中组装而成。这让占整个公司30%收入的家用电器业务几乎无法赢利。

于是，一旦他的继任者科迪纳尔成为了公司总裁，一场以分权为目标的变革便降临了。转眼间，2000多名经理的职位被创立或重新定义，职能部门被废弃，相关人员数目被极大削减。他让 120 个部门总经理各自负责一块业务，权力委任的原则是“每个人负责的领域不比他的臂展宽太多”。科迪纳尔为此确立出八项考核指标：赢利能力、市场份额、产能、产品领先性、人力发展、雇员态度、社会责任及短期利益和长期利益之间的平衡。为了将分权思想发扬光大，科迪纳尔在纽约克劳顿韦尔兴建了通用电气管理发展学院。多年后，这里被韦尔奇整饬一新，成为他传授理念与倾听下属声音的圣地。分权取得了巨大成功，1951—1956 年，通用电气的收入从 20 亿美元翻了一倍。在 20 世纪 50 年代，通用电气的业务主要为大型机械、家用电器、军工产品，60 年代拓宽到电力设备、原子能，到 70 年代更进一步进入航空和计算机领域，能够如此快速地扩展产业布局，主要得益于分权带来的灵活性。

当然，它也孕育了另一种官僚体制：让人们以为凡具有优秀适应能力的管理者可以负责任何工作。当通用电气于 20 世纪 60 年代末收购一家法国的计算机厂商之后，当时的总裁弗雷德·博奇选择了一个既不懂计算机，又不会说法语的“通才”。他不仅使公司损失 2 亿多美元，更令通用电气错过了计算机产业腾飞的时机，最终只能退出此领域。是雷金纳德·琼斯让通用电气重铸辉煌。琼斯的全部商业生涯都在通用电气度过。最初的审计师工作让他几乎走遍了通用电气各公司。随后他进入管理梯队，先后担任消费者、公用事业、工业、建设和物流等领域的经理。1968 年，他成为公司的首席财务官，并于 1972 年出任总裁、董事长兼 CEO。

琼斯给全世界业务最为多元化的企业之一的通用电气带来了活力和新的战略方向。他的大多数多元化举措都靠内部增长支撑，而支撑内部增长的，则是强有力的研发、战略性规划以及“能为 GE 十年后的长期增长机会做好准备”的组织架构。在琼斯的管理下，通用电气的销售由 100 亿美元翻倍到 220 亿美元，利润增长更快，从 5.72 亿美元变为 14 亿美元。更大的进步是通用电气进入了国际市场，成为了一家真正的世界级大公司。

纵观通用电气的创新至尊带给我们的启示有两点：一是先有创新总裁的选拔机制，再有创新意识浓、创新能力强的总裁的纷至沓来，然后才有创新的技术与管理。这也算得上是对我们所讲的创新管理的一个明证吧。二是长期的、有效的创新过程也就是永无终点的“反”的接力赛。比如科芬率先在通用集权，科迪纳尔与之背道而驰实行分权，琼斯返本溯源重新倾向于大统，韦尔奇则设法使庞大的通用依然能保持小企业的灵活。每一次的反，都不是简单的一反了之，而是对前任的批判和继承。批判也好，继承也好，批判到什么程度，继承到何种地步，全根据当时的情势，实事求是，随机应变，顺之者昌。

一个卓有成效的接班人选择机制，对人治的中国企业具有更为重要的借鉴意义，为此，我特地将《通用电气如何挑选接班人》一文附录于四，对此不感兴趣的读者可直接跳转到后面去看。

附录三

通用电气如何挑选接班人

杰弗里·科尔文

一些人觉得杰克·韦尔奇是不可代替的。韦尔奇本人并不这么想。下面的文章透露了他和通用电气公司董事会选择接班人的内情。

佛罗里达州棕榈滩，一个温暖的星期日下午，感恩节周末即将过去。杰克·韦尔奇（Jack Welch）登上通用电气公司的一架飞机。飞行员本来以为他准备去纽约，但韦尔奇告诉他们，此行的目的地不是纽约。他的计划要严格保密，连飞行员事先也没有得到任何指示。韦尔奇说，咱们去辛辛那提。

他们出发了。着陆时，外面是漆黑的雨夜。下一步就轮到韦尔奇几个月来一直担心的事情了。在公司飞机库一个隐秘的房间，韦尔奇会见了詹姆斯·麦克纳尼（James McNerney）。麦克纳尼是通用电气飞机发动机分公司的总裁，最终角逐下任首席执行官的三名候选人之一。韦尔奇要告诉麦克纳尼的是：这个职位另有所属。韦尔奇说："我们谈得很好，他很不错。"

韦尔奇回到飞机上，飞行员以为现在要去纽约了。谁知又不对。韦尔奇说，我们去奥尔巴尼。在那儿，同样阴郁的天气，韦尔奇在公司飞机楼的休息室向另一位候选人罗伯特·纳尔代利（Robert Nardelli）重复了同样的坏消息。纳尔代利是通用电气涡轮机和发电机制造部门的负责人。

向两位杰出的高级主管传达了"他们职业生涯中最坏的消息"后，韦尔奇终于在晚上 10 时 30 分飞到纽约。他说："我当时百感交集。为我的继任者感到高兴，为把坏消息告诉好朋友而伤心，同时也觉得松了一口气。"

松了一口气的感觉是可以理解的。经过六年零五个月又两天的时间，挑选韦尔奇继任者的严格过程终于结束。第二天早晨 8 时，通用电气公司就会宣布，44 岁的医疗设备业务负责人杰弗里·伊梅尔特（Jeffrey Immelt）将成为全世界最有价值的公司的下任总裁。

这样，一场有史以来得到最密切关注、最热切期待、最多议论的颇富戏剧性的公司权力交接终于完成。这也是最为保密的公司权力交接过程。韦尔奇明确表示拒绝谈论此事。当本刊记者去年春天询问有关情况时，他甚至连"无可奉告"都没说，他只是一声不响地坐在那儿。两年来一直传闻伊梅尔特是可能性最大的人选，事实证明谣言不虚。但韦尔奇决意不让董事会审议的真实情况或最后的决定走漏一点风声。

这可得费一些力气。当韦尔奇在周一正式宣布接班人之前那个周五带着好消息召见伊梅尔特时，他要伊梅尔特和妻儿马上从南卡罗来纳飞赴佛罗里达，到他在棕榈滩的寓所共度感恩节。但怎么来呢？不能坐通用电气公司的飞机，否则整个公司几小时内就会知道此事。所以，他们采取了一个办法：伊梅尔特假称是詹姆斯·卡思卡特（在通用电气服务时间最长的董事西拉斯·卡思卡特的儿子），登上一架通用电气与其他公司合用的商务飞机。星期六，伊梅尔特和韦尔奇谈了一天。然后，他们计划共进晚餐，以事庆祝。但不能去外面吃，那太冒险。如果棕榈滩某位要人看到韦尔奇家的人和伊梅尔特家的人笑逐颜开，喝酒碰杯，他们可能会猜到什么。所以，晚餐就在韦尔奇的寓所进行，但不是由通常承办韦尔奇家宴的人负责，那太危险。

第二天，当韦尔奇到辛辛那提和奥尔巴尼传达他的坏消息时，伊梅尔特一家坐着另一架与他人合用的商务飞机前往纽约。反间谍似的防范措施起了作用，在周一早晨消息宣布之前，一个字都没有泄露。

如今，这种秘密活动已经结束，韦尔奇和通用电气的董事们掀起面纱，接受了本刊记者的独家专访。他们详细地讲述了确定公司首席执行官接班人的过程——这可是全世界最受仰慕的首席执行官职位。韦尔奇向我们出示了他亲笔写给董事会的字条，包括六年来他列举的首席执行官人选。我们则要遵守他提出的条件：在报道时对某些名字的使用加以限制。此外，他一开始就明确表明，他永远不会告诉我们或其他任何人他和董事会选择伊梅尔特而不是麦克纳尼（51 岁）或纳尔代利（52 岁）的原因。他说，他自己无法对此作出解释，他甚至不能告诉他们本人这是为什么。他必须作出选择，这显然令他万分苦恼。尽管他和董事会不愿说出选择伊梅尔特的原因，通过采访，我们还是看到了某些可能的答案。

从他们的讲述中可以看到，韦尔奇和董事会选择接班人的过程有一大特点：打破公司权力交接计划的大部分规则。他们从未任命首席经营官或其他当然继承人；他们从未把目光投向公司外部；他们没有制定今后十年的战略计划，也没有使用任何通常的样板来衡量候选人。

他们所做的是花大量时间来了解竞争者，花更多的时间交换对他们的看法。有各种各样“最好的惯常办法”为董事们选定公司接班人提供了原则上的指导。按照这些办法确定接班人，董事们所花的时间不到 100 小时。但通用电气公司的董事们花了数千小时。我们采访的所有董事都一致表示，他们以前从未参与（甚至没有听说过）由这么多董事花这么多时间决定公司接班人的事。韦尔奇认为，这个过程最显著的特点是人与人之间的大量互动，这也是它最重要的特点。外人常常对这种方式感到好奇，但韦尔奇说，方式并不是关键：“这个过程由人际关系、活力、苦干、家庭和情感决定。”

要判断这种方法效果如何显然还为时过早，但它值得我们了解，原因有两条：①极多的美国公司最近都没能选择出称职的新任首席执行官。就在过去一年中，朗讯、可口可乐、施乐、坎贝尔汤料、英国航空、吉列和宝洁公司的首席执行官都是上任没多久就下了台。许多公司选择领导人的方式显然有问题。②我们还无法判断通用电气是否选对了人，但这家公司选择的首席执行官历来都非常杰出，而韦尔奇在公司所做的几乎全部工作都有着无与伦比的业绩。所以，他和公司董事们在这一过程中作出的最重要决定值得人们仔细研究。

通用电气选择接班人的过程于 1994 年 6 月 24 日正式开始。在此之前，董事们当然考虑过此事。每年 12 月，他们都要对管理人员进行详细的审查；自 1981 年后，公司还采用了这样一种做法：每年选择一位临时接班人，把他的名字封在信封里，在韦尔奇出现万一时应急。但是，随着韦尔奇即将步入花甲，选定正式接班人的时候也就到了。

于是，在董事会管理、发展和酬薪委员会（MDCC）1994 年 6 月召开的会议上，议事日程的中心就是确定接班人。在一张手写的名单上，韦尔奇把 24 位候选人分为三组讨论。在“现成人选”类别下，他列出了 7 个人，他们经营着公司最大的部门。由于位居高位，这些人都要予以考虑，但其中有些因年龄过大可排除在外。4 年后，这 7 人都未能成为最后的 3 名候选者之一。

在“有力竞争者”的类别之下，韦尔奇列出了 4 个位居次高层的经理。他们如果不是明显的人选，至少也不会让人感到意外。随着事态的发展，他们也没有进入最后“决赛”。（值得注意的是，20 年前，当通用电气“管理人事”部向当时的首席执行官雷吉·琼斯递交了 10 位候选接班人的名单时，韦尔奇也不在其中。他如何被最终选定是另外一个故事。）

在“范围较宽的人选”类别下，韦尔奇列出了 13 位引起他注意的处在各种职位的管理人员，他的心思显然属于这里。在韦尔奇的职业生涯中，没有什么比发现人才更令他快乐了。这个名单包含了所有三名“决赛选手”。韦尔奇说，从那时起，“关于这些人的所有工作安排就都与接班联系上了”。

名单上没有一个人（都是白人男性）被告知可能成为公司接班人。当然，多数人自己都猜到了这一点。“第一梯队”的成员在玩笑间也可能承认了自己所知道的一切。所以，几个月前，当纳尔代利体重减轻了 30 磅并开始在法国高档服装店 Fannable 购物时，韦尔奇和其他人开玩笑说：“那可是只有加里·罗奇才敢去的地方。”罗奇是著名的经理人才猎头者，纳尔代利和麦克纳尼就是由他挖来的。

此后四年，韦尔奇设法为所有候选人补上履历中欠缺的地方，并考察了他们发展的潜力。例如，候选人之一戴维·卡尔霍恩（David Calboun，目前是飞机发动机部门的主管）受命打理制造机车的交通设备部门；韦尔奇把这个部门称作“通用电气公司中最好的锻炼岗位”，因为你得与政府、工会、社区和那些购买你产品的首席执行官打交道。在卡尔霍恩之前，这个部门的负责人是纳尔代利，在卡尔霍恩之后则是另一位候选人约翰·赖思（John Rice）。其他对首席执行官候选人比较重要的职位是亚洲（通用电气正在这里积极扩展）和通用电气金融公司（通用电气 40% 以上的利润来自这个部门）。韦尔奇非常小心，他避免把人才培养过程说成是明确或完全系统化的，他在培养领导人才的同时兼顾了公司的赢利目标。他说："这是个人发展与应付企业危机的结合，这个企业把我们带到需要达到的水平。"

韦尔奇希望董事们了解位居前列的候选人，而且不仅仅是通过正式的情况介绍。董事们需要对"选手们"的性情有感性的认识——韦尔奇认为，当他还是接班人选的时候，董事会就缺乏对他的这种认识。他回忆说，董事们是在董事会会议上认识他和其他候选人的，但在其他时候，"我们没有机会接近他们"。

韦尔奇设计了几种让董事与候选人共处的机会。每年 4 月，在高尔夫球大师赛举行之前，他邀请他们前往佐治亚州的奥古斯塔国家高尔夫俱乐部，他本人就是该俱乐部的忠实会员。每年 7 月董事会召开会议前的那天，他邀请他们到通用电气在康涅狄格州费尔菲尔德总部附近的俱乐部打高尔夫。12 月的董事会召开会议前的晚上，他们到曼哈顿市中心的洛克菲勒中心的通用电气办公楼 65 层那间装饰派艺术的"彩虹室"里聚餐跳舞。

这些娱乐场合背后都有严肃的目的，韦尔奇对此非常重视。他亲自安排高尔夫的双打和宴会的座次。他说："我给他们排位子时非常仔细。"他把这些记录下来，以便每年重新组合。他还找到像奥运会［由通用电气下属的全国广播公司（NBC）转播］这样的时机让董事们与候选人见面。在选择接班人的六年半中，这类场合使董事们与首席执行官候选人的互动时间达到数千小时。

韦尔奇还鼓励候选人在认为有必要的时候直接与董事会成员联系。例如，许多候选人在处理与政府相关的问题时致电前参议员萨姆·纳恩（Sam Nunn）。绕过首席执行官打这种电话的做法并不常见，但这样更有好处。

当董事们能彼此交谈对候选人的印象和看法时，这些印象和看法的价值就大大提高了。交换意见的主要机会是 12 月的董事会议，韦尔奇和人事部总裁威廉·科纳蒂（William Conaty）提交了职位最高的二三十位主管的详细考查材料，其中包括所有首席执行官候选人。董事们拿到一本册子，上面有每个人的照片、工作经历和业绩总结。然后，韦尔奇再次通过手写的笔记给出他对每位管理人员的坦率评价。通用电气公司董事、J. P. 摩根公司（J. P. Morgan）首席执行官道格拉斯·"桑迪"·沃纳（Douglas "Sandy" Warner）说："对我来讲，这些讨论是身为通用电气公司董事最难忘的经历。"（几位董事都认为，韦尔奇的评价切中要害。为了保密，他的笔记都用手写，这些东西绝不会跑到任何人的硬盘里。）科纳蒂说，他们对这本册子"并不是随便翻翻，我们可能在第一页花上一个钟头。这并不像多数人习惯做的那样"。

每年 6 月，韦尔奇都要与 MDCC 作另一次深入的考查。MDCC 是负责选择接班人的主要机构。这个委员会在每次召开全体董事会议（一年十次左右）之前都要开会。总体来说，这种种场合使董事们每年花掉成百上千小时讨论接班人问题。

在对候选人经过几年的跟踪后，韦尔奇和 MDCC 认为，委员会成员需要对排在最前面的候选人加强了解。这样，1996—1997 年，委员会在没有韦尔奇陪同的情况下全体参观了通用电气下属的若干企业。这在企业界几乎是前所未闻。曾在梅西百货公司（R. H. Macy）担任主管、现已退休的格特鲁德·米切尔森（Gertrude G. Michelson）董事说："大多数首席执行官都不会这么自信，让董事会了解公司业务的内情。"有些候选人不太明白这样做是什么意思。他们打电话询问韦尔奇自己该怎么办。"我什么也没告诉他们，"韦尔奇回忆道，"我说：'那是你的事情。'"

这当然就是此举的目的所在。每位竞争者都受命招待 MDCC 一天。委员会成员、伊利诺伊机床公司（Illinois Tool Works）前首席执行官赛拉斯·卡思卡特（Silas Cathcart）说："他们通常从早晨8时开始进行介绍。他们可能带来3位同事，也可能是23位。我们可以了解他们如何互动，他们关系如何，他们如何分配权力，他们手下的人是否得力，他们采用哪些策略，他们对自己的机构是否满意。"

由于距韦尔奇退休还有许多年，委员会成员对参观的目的不愿直言，所以他们打了个掩护。曾在康奈尔大学担任校长的董事弗兰克·罗德兹（Frank Rhodes）说："我们借口说想了解他们的业务运作。"这种说法似乎不能让人信服，但另一种伪装似乎较为有效。米切尔森回忆说："我们拜访的并不都是真正的候选人。我们不想做得那么明显。所以，我们往往参观七八个地方，其中只有三四个是我们真正感兴趣的。"

在1997年12月对候选人进行深入考核的董事会会议上，韦尔奇和董事们觉得对候选人的了解已经非常充分，可以把人选缩小到8个。通用电气不肯确认这些名字，但当时内部和外部的猜测把人选集中在3位"决赛选手"和照明部主管戴维·卡尔霍恩（David Calhoun）、家用电器部主管戴维·科特（David Cote）、首席财务官丹尼斯·达默曼（Dennis Dammerman）、运输系统部主管约翰·赖斯（John Rice）和塑料部主管加里·罗杰斯（Gary Rogers）。即便在那时，所有这些候选人也并不平等，有些显然希望渺茫。此外，达默曼的年纪比其他候选人都大——他的名字之所以出现，原因显然不是为在韦尔奇退休后接班，而是在韦尔奇出现万一的情况下临时负责。

半年后，在1998年6月的董事会会议上，韦尔奇和董事会决定，"最后阶段开始了"（韦尔奇语）。他们将让所有候选者待在目前的职位上，直到选定接班人。到了观察筛选的时候了。

事情稳步发展。1998年12月，加里·温特（Gary Wendt）退休后，达默曼成为通用电气金融公司的董事长。（据称，温特出现在韦尔奇首席执行官人选的早期名单上。而令人震惊的是，根据内幕消息，韦尔奇和温特几乎无法忍受对方。）已经有谣言说伊梅尔特在这场竞争中处于领先地位，但韦尔奇坚持说，当时他和董事会在谁的可能性最大的问题上并未达成一致。但是，内部传闻越来越多，以至于本刊在一年前就预测伊梅尔特终将胜出。顶级的猎头们听说这些消息后，纷纷围上了麦克纳尼和纳尔代利。

1999 年 7 月，卡尔霍恩离开照明部，转而负责通用电气金融公司的雇主再保险业务。外人的解释不错：这意味着他不再参加角逐。4 个月后，戴维·科特辞职，成为 TRW 公司总裁（去年 12 月中，该公司任命他为首席执行官）。大约在同一时间，韦尔奇第一次透露了他准备退休的准确时间：在通用电气公司 2001 年 4 月的年会上，恰好是他成为首席执行官 20 年后。这意味着公司将在 2000 年秋宣布谁是接班人。

随着范围的缩小，传统做法也许应该是让最有力的竞争者参加公司总部的工作，以便首席执行官和董事会能够更近距离地考核他们。这是通用电气 20 年前的做法，韦尔奇不喜欢这样。他当时是参加竞争的 3 位副董事长之一［另外两位是爱德华·伍德（Edward Hood）和约翰·伯林盖姆（John Burlingame）］。韦尔奇说，气氛变得令人厌恶而富于政治意味。“坐在你的竞争对手对面用午餐的感觉真是糟透了。”全公司的人都有自己的支持对象。当韦尔奇获胜后，后来成为通用电气最重要的主管之一的保罗·弗雷斯科（Paolo Fresco）拿着一封信走进韦尔奇的办公室，郑重宣布：“我向您递交辞呈。”韦尔奇问他为什么。弗雷科答道：“我支持另一位候选人。”他认为，这时唯一体面的做法就是辞职。韦尔奇对他说：“我无所谓，把那份东西撕掉滚吧！”

韦尔奇不希望再看到这种事。“所以我把入围‘决赛’的候选人放在相距数百英里的地方，让他们各管各的事。”3 位最有希望接班的候选人成了好朋友，他们坚持认为彼此至今仍然是好朋友。

到 2000 年年中，韦尔奇准备正式宣布最后确定的接班人选。6 月份，他任命了伊梅尔特、麦克纳尼和纳尔代利的副手。（这项举动同时证明卡尔霍恩和赖斯已被淘汰出局，他俩分别被任命为麦克纳尼和纳尔代利的副手。）这项通告产生的效果是华尔街最喜欢的——一种欣慰之感。通告说：这是我们的 3 位候选人，无论选择哪位，我们都有后备的副手，而且我们事先宣布了他们的名字。分析员都称赞这招绝妙。韦尔奇说："我对此很感自豪。"

6 周后，在 7 月董事会举行会议的前一天，韦尔奇在作出最后决定前，与 MDCC 召开了最后一次重要会议。尽管他们在数次会议上或通过电话已经讨论了数 10 个小时；那个星期四的上午，他们还是就接班问题研究了 4 个小时。然后，像往常的 7 月一样，他们打高尔夫球，共进晚餐。第二天，他们又就这个问题讨论了一个半小时。韦尔奇说："这似乎有点过分，但这是一个反反复复的过程。"我们说，这个过程的关键之处似乎在于连续讨论若干小时，他笑了："我们用的词是'纠缠'。"

尽管这听起来可能令人难以置信，但所有参与决策的人都说，经过 6 年的讨论，到了这个节骨眼上，竟然没有一个人提出谁能当接班人。这样做的目的是不放弃任何一种可能性。但是，终于有人开口了。"我终于说出来了。"弗兰克·罗德兹说，他提出，伊梅尔特似乎更合适。"杰克说：'不错，我就是这么想的，丹尼斯（达默曼）和比尔（科纳蒂）也是这么想的。'"但是，距正式宣布还有 4 个月，他们仍然不想打破这种平静。科纳蒂说："夏去秋来，我们仍然说还有时间。其他候选人的表现也非常出色。"

大约在这个时候，韦尔奇开始面对这个现实：他不得不把坏消息告诉其他两位人选，虽然他非常欣赏他们。这令他备受折磨。董事桑迪·沃纳在这个过程结束前不久说："从入夏以来，他一直睡得不好。"杰克·韦尔奇会为传递坏消息感到苦恼？这种事儿他做过成百上千次，但这次不同。"我这一辈子，解雇人是常事儿，因为他们表现不好，”他在结局到来前的几周说，“现在，这三个人都很棒。他们的业绩非常出色。他们从来没跟我讨过价。他们也从来没有试图为我或为彼此设置障碍。”

在打高尔夫球的时候，韦尔奇从萨姆·纳恩那里得到了有益的指导。纳恩劝他不要再折磨自己。他说：你已经为这些人帮了大忙；你把他们培养成著名的管理人员。这合情合理。几十篇文章报道了这些候选人的情况。尽管他们可能会感到失望，但他们的知名度是全世界任何一家公司的部门经理都无法企及的。

随着这个过程快速接近终点，一件令人意外的事情似乎扭转了它的进程：10 月末，通用电气宣布完成了有史以来最大的并购，以价值 450 亿美元的股票收购霍尼韦尔公司（Honeywell），韦尔奇说他将留在公司直到 2001 年年底以监督这次合并。持怀疑态度的人认为，这是他们再熟悉不过的情况了：一位长期在位却不得不被扳下台的首席执行官的孤注一掷。为打消人们的疑虑，韦尔奇许诺他将按期在年底之前宣布继任者。继任者将在 2001 年年末而不是 4 月底接手，比原计划晚 8 个月。

宣布并购霍尼韦尔公司 8 天后，通用电气的董事会在南卡罗来纳州格林维尔召开会议，向作出最后决定迈出了一大步。韦尔奇第一次请每位董事对候选人作出评价并为他们排序。这花了 2 个小时。最后，伊梅尔特显然是最得人心的。但是，韦尔奇并没有要求大家正式投票（这是确定接班人的正式程序），他只让董事们考虑自己的选择。

决定其实已经作出，这时考虑的问题主要是时机和细节的处理。韦尔奇决意要守口如瓶，他觉得感恩节周末将是结束整个过程的绝好时机：全国都在休息、购物、旅行，而且碰巧都在为佛罗里达州的计票费神。在感恩节的前一天，韦尔奇打电话给 MDCC 成员，说他准备在周五召开全体董事电话会议，指定他的接班人。

周五，东部时间下午 5 时，韦尔奇从他在棕榈滩的寓所告诉全体董事，他和 MDCC 推荐伊梅尔特担任通用电气公司的下届首席执行官。董事会赞成吗？是的，没有异议。5 时 30 分，韦尔奇打电话通知伊梅尔特，启动了这一系列事件，最终于周一早晨正式宣布任命。

如今，一切都已经结束，但还有几个问题。最明显的问题是，为什么选伊梅尔特？韦尔奇和董事们决意不肯直接回答，这显然出于一种真诚的愿望：他们不想批评麦克纳尼和纳尔代利，哪怕这种批评是含蓄的。但是，几点相关的事实却很清楚。伊梅尔特年轻显然是一种优势。当一家公司任命的首席执行官还可以工作 20 年时，这家公司自然充满活力。通用电气用韦尔奇打出了“本垒打”，还想再试一次。此外，韦尔奇离职后，许多经理可能也随之而去；伊梅尔特人缘不错，很有希望留住他们。如果这是一场检验受欢迎程度的投票，伊梅尔特应该会胜出。更深入的原因是，他显然展示了杰出的成长能力，这是选择接班人最重要的标准。韦尔奇和董事们知道，他们无法预见首席执行官在 15 年后可能遇到的挑战。他们只知道他必须重新考虑、重新设计通用电气。按照董事罗德兹的话说，伊梅尔特表现了“最开阔的思维”。

如果没有这么精心计划的方法，结果会有什么不同吗？如果韦尔奇只是自己作出决定呢？这个问题当然无法回答。我们只能说，这是一个真实的挑选过程。讨论直率、切实有效，每位参加者都认为这些讨论很有价值。他们经过这么多年才选定伊梅尔特，没人能猜出，如果没有这些讨论，最后的决定将是怎样。

这个过程当然不可能就这样结束。任命伊梅尔特 3 周后，董事们又开会了。按常理推测，这一次他们也许会略过每年 12 月的人才审查了吧？科纳蒂就此询问韦尔奇。韦尔奇说，我们还像平常一样。毕竟，由于三位高级主管出现人事变动，因此有许多值得讨论的东西。

于是，在一个寒冷的曼哈顿之夜，通用电气的董事、高级主管，还有他们的配偶在“彩虹室”聚餐和跳舞，其中包括麦克纳尼和纳尔代利，他们像伊梅尔特一样得到了大家的起立鼓掌。第二天，董事会（包括新成员伊梅尔特）像往常一样开会。他们从首席财务官科纳蒂那里拿到名册，审查公司下属各个企业、主管以及他们的主要副手。韦尔奇对他们都作了亲笔评价。科纳蒂提交了他对高级职员的最新统计情况（包括谁离开了，为什么离开，以及哪些人最有可能成为高级职员和主管，或领导六个西格玛质量行动和电子商务计划）。他们审查了最新的雇员调查结果。他们做了所有通常在12月的董事会会议上该做的事情。

最后，他们把一个名字封在一个信封里。

在争当杰克·韦尔奇接班人的竞赛中落败并不那么糟。詹姆斯·麦克纳尼立即成为过去十年来最抢手的两名高级管理人员之一。一周内，他签约成为3M公司的新任首席执行官。我们在几天后约到了他。

我们所讲的创新管理明显不同于通常意义上的创新管理，为此我愿以案例点评的方式作进一步的说明，详见附录五，对此不感兴趣的读者可直接跳转到后面去看。

附录四

让环境参与创新

早春3月的青岛，没有盛夏时人潮涌动的嘈杂。街上车不多，偶尔有三三两两的行人。在温润的海风笼罩下，这个城市多了几分雅致与闲淡。

位于市中心的江西路11号院已经春意萌动。院子里大片的绿地开始泛青，墙上的爬山虎也长出了可爱的嫩芽。"扑棱——"一只喜鹊拖着它的长尾巴从眼前掠过，蹦跳着从一个枝头跳上另一个枝头，一会儿就消失在视野之外。

这里是陈世刚工作的地方——海信集团研究发展中心。三年前，这位山东小伙刚踏出大学校园就毅然来到了海信，用他的话说："我当时就想走技术这条路，我知道海信重视技术、重视技术人员，就来到这里。"三年过去了，陈世刚已经从一位普通的技术人员迅速发展为海信3G研究所TD-SCDMA硬件总监，他觉得做得很开心。

在海信，像陈世刚这样被公司的技术氛围吸引来的员工不少，CDMA研究所软件总监隋立涛也是一位。不知不觉地，小隋已经在这里工作了十年，亲自参与了国内第一款CDMA手机开发等重点项目。谈到在海信工作这么久的原因，除了海信提供给技术人员较好的待遇和发展机会以外，隋立涛还特别提到了发展中心的环境："每天从窗外看去，眼里满是绿色，这种感觉挺舒服的。"

主管研发的海信集团副总裁郭庆存认为，重视公司员工的工作环境，特别是研发环境，是海信有意识去做的事情，它已经成为海信重视技术、尊重员工的一个重要的表现形式，是海信鼓励创新的一种手段。"我们在努力创造一种文化氛围，有利于技术创新的文化氛围和环境。这包括对创新人才的尊重，包括对创新条件的改善，还包括一些文化理念上的积累。"

虽然环境能给创新带来多大影响尚无定论，但海信的确通过硬件环境和软件环境的打造吸引来很多优秀员工，并创造出让海信人自豪的成绩：国内第一款高清数字视频处理芯片、第一款3G手机、第一款1080P高清制式的数字电视相继在这里诞生；自1992年海信确立"技术立企"的战略以来，海信集团的销售收入从1992年的4亿元上升到2005年的334亿元，规模扩大了80多倍。

海信是如何打造创新的硬环境和软环境的呢？带着这个问题，

我们走入神秘的江西路11号院一探究竟。

硬环境，引发创新热情

走进这个院子，首先就有两个感觉：一个是院子很宽敞，绿化率很高。七个足球场这么大的院子，除了错落的五幢楼和一个篮球场以外，几乎全被绿地覆盖。3号楼和7号楼之间还有一条人工挖掘的小溪，几尾红色的金鱼在刚刚漾开的春水里游着，颇有一点“泉眼无声惜细流”的味道。另一个是我发现这里的楼号并不相连，一共五幢小楼，楼号从3到8，少了1栋、2栋和5栋。

代表事件：拆楼。原来，这个11号院以前是海信的厂房，也是海信起家的地方。随着海信集团规模不断扩大，为了把所有研发资源集中到一起，就将厂房和管理部门迁走了，2002年研发中心正式启用。郭庆存说，少了的那三幢楼都是为了拓展员工视野拆掉的，并在拆掉的地方补种了草皮。

将来海信还有可能扩大研发人员队伍，拆掉的楼也许还会有用处。为什么这么看重研发的环境呢？郭庆存解释道：“真正的研究开发，不是模仿或复制，是完全的创造性劳动。任何创造性的劳动只能发自内心，是复杂、艰苦的脑力劳动的结果。而艰苦、复杂的脑力劳动本源于内心的积极性和创新的冲动。换句话说创新是逼不出来的，诱惑不出来的，是来自内心的创新冲动和激情。这对我们研发人员来说太重要了。”

他作了一个类比。身处监狱中的犯人也许很不情愿去干活，但仍旧可以完成重复性的体力劳动。但对于一个脑力劳动者来说，要求他在几个月内完成一项发明创造，如果这个人不愿意去做，也是做不出来的。因此海信希望通过硬件和软件设施的完善，体现对研发人员的尊重，确保他们体面的生活条件、相对舒适的工作环境和比较好的实验研究手段，让创新成为一种自主的行为，让自主创新成为一种自发的精神。

这也是海信最渴求的，并且由董事长周厚健带头提倡。这几块绿地的诞生，就是他一手促成的。2002年的一个星期天，他在这个园区里散步，徘徊了几次以后，突然打电话给海信的物业公司，希望把这些旧楼拆掉，为研发人员提供一块休息的绿地、更多的讨论空间。

不仅是周厚健，关注环境俨然已经成为海信每个高管的日常工作。海信集团总裁于淑珉也会经常来这个院子看一看。“那天他过来跟我说，希望在以前2号楼的绿地上盖一个小亭子，铺上石阶石板，让员工在这里散步、休息、讨论问题。”郭庆存说，“他还建议在以前的5号楼绿地上建一个花坛或者咖啡厅。”

在弗兰克林·贝克尔（Franklin Becker）和弗里茨·斯蒂尔（Fritz Steele）的著作《精心设计的工作间》（Workplace by Design）一书中，将工作环境比作一个公司的“肢体语言”。塑造肢体语言应该注意哪些方面呢？除了拆楼建绿地，我们来看看海信还有哪些做法。

给创新让出最宝贵的地方。江西路11号对海信来说有非同寻常的意义。从刚开始的青岛无线电二厂，到1993年12月海信集团成立，江西路11号大院是海信起家的地方，也是很多老海信人投放最宝贵的青春年华的地方。有一次周厚健和郭庆存在3号楼里走着，突然指着一个角落说：“我大学刚毕业的时候就在这里工作。”

感情因素是一个方面，另外，这里也是诞生海信诸多荣誉的地方：国内第一款大屏幕彩电以及成百上千条专利技术都是在这里诞生的。走技术路线，推崇“技术立企”的海信更是钟爱这块地方。“海信既然要技术立企，就不能不关注技术，不能不关注技术人员和技术人员的开发条件。”

正是由于这些原因，2002年，当海信创建“三园一厦”硬件格局的时候，毅然将这块最宝贵的地方给了研发中心，最大限度地体现了公司高管对研发人员的重视。

说来也巧，公司的管理本部海信大厦坐落在青岛音乐广场旁边，被海信人亲切地称作“东海西路上海信的一杆旗帜”，而海信大厦的中轴线正好和研发大院6号楼的中轴线吻合。“如果说海信大厦是旗帜的话，旗帜的真正基座是在这里。”郭庆存说，“这里被看作海信的根。”

通过细节强调创新文化。研发中心的地址被确定以后，就开始进行厂房改建工作。3号楼是研发大院中比较早进行装修的一幢楼。进入3号楼大厅，墙面右侧几个醒目的大字是海信的战略纲要：“人才是本、技术是根、创新是魂。”

这个楼比较有意思的是海信的“扶梯文化”。每一层扶梯的拐弯处都有一个绿色的横幅，上面除了有黄色线条表示的扶梯图案以外，还有一句立志的话，比如“成功，从登楼梯开始”、“人的活力要不断培养”、“有活力才有朝气，才能蓬勃向上”、“攀高峰，从底层开始”……

“我们特别推崇的，是让更多的海信人都有这样的意识，这才能成为一种文化。”郭庆存说，“如果只是周厚健董事长在上面喊，底下没有感觉，就不是文化了。”

文化是一种习惯，是长期形成的行为方式。海信通过点滴的小事营造这种文化，让每个海信员工参与进来，使得环境带有每个员工的私人印记，增加他们的认同感。

给员工一片风景。最近，5号楼绿地如何美化的问题正成为所有研发员工和高管每天思考的问题。5号楼原来是一个配电站，拆掉之后改建了绿地。可是拆掉以后，大家觉得这片绿地过于空旷，就想将它改建一下。通过网上征集意见和管理层讨论，有人建议在绿地上建一个咖啡厅，也有人提议建一个花坛。

“放一个雕塑也许好一点。”郭庆存说，“我正提议设计一个体现海信创新之魂的雕塑放在这里，既鼓舞士气，又给整个园区带来点睛之笔。”

给员工一片风景是海信的管理层日常工作的一部分。在大多数公司，风景只属于人数极少的管理层，而海信的风景是员工散步、休息、讨论、运动的场所。这样一来，既防止将办公空间等级化，又方便了员工的日常交流，很多新鲜的创意和点子也由此而生。

为了尽可能地拓展绿地的面积，海信除了将“碍眼”的旧楼拆掉，还将原来1号楼旁的挡土墙改建成大斜坡，在斜坡上种植草皮建成绿地。去年夏天，研发中心在那块绿地上组织了露天交响音乐会，请来青岛市交响乐团为研发人员作专场演出，非常受大家欢迎。

为各研发平台量体裁衣。2003年，海信研发中心完成了对研发平台的整合，包括应用基础研究中心、产品开发中心、工业设计中心、模具开发中心、检测中心等一系列研发平台。这些平台的功能不同，研发中心如何在硬件上满足各平台的特殊要求呢？

郭庆存讲，每个平台都会依照自己的功能需要，向研发中心提出自己的要求。比如老化试验室对环境有严格的指标要求，而工业设计中心就需要一个更开放、自由的环境，这些都要跟研发中心提出来，“我们尽可能地满足他们特殊的需要”。

现在，身处6号楼7层的工业设计中心正期待着搬到第10层工作，并已经得到研究中心的肯定答复。在那里，他们将有专门的创意空间和脑力风暴室，他们创造的情绪可以得到最充分的调动。

除了特殊需要之外，如果各平台觉得有必要对环境进行改进，中心也会想办法满足他们。陈世刚说，海信移动通信技术公司在迁入现在的3号楼之前，员工的座位隔断都比较高，“以前为了保证私密性，我们站起来都看不到人，但沟通就很不方便。后来我们要求把隔断放低。现在在办公室，我们可以很轻松地和周围的同事沟通，事情也很快就解决掉了”。

软环境，激发创新思维

著名的设计公司 IDEO 的总经理汤姆·凯利（Tom Kelley）在《创新的艺术》（*The Art of Innovation*）一书中告诉我们，为了实现创新，公司没有必要在各个方面都出类拔萃，某些领域上的出类拔萃足以让你取得优异的成绩。在海信的研发中心，这样的“某些领域”表现在如下三个方面。

（1）鼓励百家争鸣。

诺贝尔奖得主、量子化学家莱纳斯·波林曾说：“获得一个好的创意的最佳途径，就是先获得许多主意。”很多公司都重视集体讨论，但却有可能忽略集体讨论也需要技巧。

在海信，董事长周厚健和总裁于淑珉有时间的话都会参加重点项目的论证，每次他们提出不同的看法和意见之后，总要再加上一句：这是我们在讨论问题，我的意见并不是最终决定。并且一再叮嘱技术人员：在你们有科学依据的前提下，你们要敢于坚持你们的意见。

郭庆存说：“我们最近在论证一个项目，已经经过三轮论证还没有结论，市场和研发人员意见不一致，集团领导也有不同意见。周厚健董事长在会上明确讲：先不作结论，而且今天所有领导讲的也都不是结论。”

在海信，周厚健在会上经常讲的一句话就是：“在技术研发上，我们尊重科学、尊重专家、尊重研发知识。因此我们的技术人员要再去研究，看这些不同的意见是否有道理，不要顾及是谁说的，如果认为你自己的有道理就坚持自己的。而且技术人员就要说实话。”在这种鼓励下，公司员工的发言逐渐踊跃起来。“我们开会经常会有面红耳赤的场景。”隋立涛笑着说。

然而，很多人都会觉得，领导说归说，真要当面反驳他，肯定对自己没有好处。海信空调有限责任公司的总经理刘文忠就曾是这么一个“实在人”。一次周厚健在一个内部会议上就海信的某项技术特点和效果作发言，刘文忠“腾”地站起来说“我有不同的看法”，然后把自己认为这项技术怎么不行、还存在什么问题一股脑儿地说了出来。“周厚健当时确实挺生气的，”郭庆存回忆说，“后来他一想，觉得这个年轻人说的也许有道理。回到办公室之后，就给他打了个电话，让他来办公室继续说。听完他的话之后觉得他说得挺对。”

这件事情之后，周厚健总拿这个故事在公司里讲，要求整个集团要学会倾听技术人员讲话，而且要讲实话，尤其是和领导意见不一样的实话。

在这样的氛围里，海信人敢说、喜欢说是不难理解的事情。海信的很多产品，包括“信芯”、矢量变频空调的开发，都是在一线研究人员坚持已见的情况下完成立项，最终给整个集团带来荣誉。

在海信研发中心 7 号楼，整整一层楼都是各种规模的会议室，专门为各种讨论会设计的。当然，讨论不一定在会议室，海信大面积的绿地、走廊，甚至办公室里也是热烈的讨论场所，各种主意总是层出不穷。

不久前，海信 CDMA 研究所刚申请了一项专利，是手机上的手电筒功能专利项目。这个专利创新就是员工聊天时候获得的。隋立涛说，海信的手机相机原本带有闪光灯功能，有一天大家聊天，一个人突然提出来手机上的闪光灯其实可以当作手电筒用。大家结合自己走夜路的经历，都觉得他这个主意不错，就把这个产品开发了出来，用户只要按下手机的一个键，闪光灯就被打开了，并且处在常亮状态。经过小范围的市场试用以后，这款手电筒手机反映很好，就在市场上做了推广，并且销量不错。“有闪光灯的手机非常多，有手电筒的手机就海信有。”隋立涛颇感自豪，“而且对公司来说，硬件上也没有增加成本。这个创新很成功。”

就是在这样的“百家争鸣”中，海信以每年推出300多款新产品和技术的惊人速度不断在业内创造着奇迹。这就像《创新的艺术》中说的：“你无法估量让心灵自由驰骋的价值究竟有多大。”

(2) 推进跨部门研发。

在海信，有三种会议形式最为常见。争吵最激烈的是项目论证会，每一个项目的立项都要经过几轮论证，参加者不仅有技术人员，还有相关的负责人；另外就是项目进展过程中的问题讨论会，比如最近出现什么情况了，设计要不要更改，几个更改方案哪个更好等；集团最提倡的是交互讨论会，即几个研究所之间互相交流的会议，海信认为这种交互会能够最大限度地激发创新灵感。

郭庆存以车载电视产品为例说，广受业界好评的海信智能调度车载电视系统产品不仅具有电视的功能，还有GPRS卫星定位功能。比如一些公交车上的终端可以接到总部发来的车辆调度指令，就需要卫星通信和地面波标准的实施。一台车载电视产品，既需要数字电视技术，也需要通信技术、显示技术以及数据处理技术等，仅仅一个电视研究所是不能完成这个产品的，这就需要集团出面，倡导不同部门之间的正式和非正式的沟通。

郭庆存介绍说，这种沟通组织起来有多种方式，最常见的一个是某研究机构在研究一个产品的时候有其他需求，通过交互发现其他部门可以帮他做，沟通后共同完成这个产品。前不久，智能商用公司要开发一款商业收款机的深度设计方案，需要使用嵌入式系统来做。不仅涉及到系统，还涉及到专用的键盘和软件实施。智能商用公司发现智能研究所有懂得技术的专业技术人员，于是主动找到他们要求合作开发，仅用了半年的时间就推出了新产品。“如果智能商用公司自己来做的话，可能一年的时间也做不完。”郭庆存说，“这款产品的研究成果使得我们集团POS机的竞争力在市场上有很大提升。”

为了活跃跨部门沟通的气氛，使沟通成为一种常态并加以规范，海信推出了“跨部门研发项目管理办法”（以下简称“办法”）。“办法”对承担跨部门研发任务的相关部门提供的技术支持作出规定，比如恰当的责任承担和利益分享机制。“办法”还规定，凡是跨部门的研究项目，集团把它列为重点项目，进行重点关注。

“对每一个科研人员来说，他完成的科研项目后续对市场的推进和效果，各个公司都有一个最后的考核，完成以后开发人员会获得不同的奖励和业绩积分，这些在‘办法’里都标示得很清楚，使得他做这类项目本身感到合适，不能吃亏，还有一些激励措施。”郭庆存说。

可以想见，“办法”的实施，不仅仅肯定了跨部门之间的交流，而且对这种交流项目进行了推进。集团希望通过跨部门交流的制度，建立一个相对公平，又能最大限度利用资源的体系。

“通过这个‘办法’，园区里的每个研究所就不是孤岛，而是园区里面有机的一员。”

(3) 鼓励常规性的创新活动。

我们来到海信前，海信刚刚结束了新一轮的TPI和TPM活动。TPI是全员劳动率创新的简称，即组织创新的活动；TPM是全员劳动生产率保持，目的是在各个环节上持续不断地进行改善。这两项活动是2002年三星的尹荣基和李浩铉来到海信之后推行的，目的是引导企业员工从细小环节中发现需要革新的因素，也是群众性的创新活动。

王师傅是老化试验室的老员工了，不久前他刚为自己的创新拿到了奖金。经过对老化室水循环系统的长期观察，王师傅对水循环系统作了改进，大大减少了蒸馏水的使用量，为研究室节省了成本。

郭庆存说，这个活动会对每个员工提出的创新设想进行测算，根据实际测算的经济效益数额，为员工兑现一定比例的奖励。活动每年都有一个表彰大会，除了表彰作出管理改进的员工以外，还会对提出任何其他改进的员工进行表彰。“这个活动鼓励员工在工作当中发现问题，并且随时提出来。”

活跃的环境，严谨的创新

虽然海信研发中心很宽阔，绿化很好，创新活跃，但是海信非常注重创新的严谨性，并且从1997年就开始架设技术创新体系。

“创新本身也不是思维无限的发散，也要有规范。”海信研发中心副主任封红雨说，海信更看重严谨和务实的精神，希望从严谨中激发创新，因此研发中心也有严格的工作制度，如上班不能迟到、每天下午3时至3时30分为休息时间、要保持桌面整洁等。

严谨和创新是不是矛盾呢？郭庆存讲了一位海信老员工的故事。钱钟毓曾任海信的总工程师，已经退休多年，现任海信集团顾问。他的严谨在海信是出了名的。2002年海信自主研发体系改版，经过几轮讨论后，初拟了一份草案，专家委员会想听听钱钟毓的意见。“他不仅看草案、通过电话表达他的意见和想法，还密密麻麻地写了4张纸，写完了又特地跑到公司来跟我讲明修改原因。让我特别感动。”郭庆存说。

他在环境的创新上也投入很大热情，当海信作产业园规划的时候，钱钟毓负责蓝图的设计。他为产业园进门的路取名“欢迎路”，左右各种两棵树，一棵为“合欢”，一棵为“樱花”，取“欢迎”的谐音；他将客人走出产业园的路取名“双赢路”，路旁各种两种樱花，取“双赢”的谐音。

一面是严谨，一面是创新，钱钟毓的两种特质在他发明“海信”商标时很好地结合在一起。“为了设计一个全新的商标，他几乎查遍了青岛所有图书馆的档案资料，翻遍了国内外的企业名录和商标，甚至连《韦氏词典》都查了，力求不与别人重复。将来如果在词典中找到海信这个词，它唯一的含义就代表着我们这家诞生于中国青岛的企业。”

为了表彰钱钟毓对海信的贡献，公司将“海信功勋人物”的殊荣奖励给他，并将他的精神在公司内部广为传颂。

为了保证技术创新的严谨，海信从1997年就开始架设技术创新体系，是类似于质量管理体系的一套架构模式。郭庆存认为，技术创新体系是海信培植技术创新最重要的一种手段。当时这一套体系是由十几套文件构成的“企业研发宪法”，包括研究开发的组织结构，研究开发项目的管理，计划的编制，规划的制定，项目的考核、验收、评价和激励等，全方位界定了海信技术创新与研发工作。

经过不断的摸索和完善，2002年该体系进行了修订，并增加了《海信研究开发工作纲要》作为企业研究开发基本法统领全局。

在2002年修订讨论会上，周厚健讲道：海信这个企业认准了就要走技术这条线，尽管靠市场的操作也可能辉煌一时，但不会长远，只有扎扎实实把技术做好，企业才扎实。我们的管理层都来自不同的专业，有财务背景，有经济管理背景，有技术背景，大家对技术的认识未必都一样，就要有统一的认识。这个统一的认识不光提一提，而且要定下来不能变。《海信研究开发工作纲要》是为技术管理人员准备的，让他们执行的。

“我们做的是科学技术的研究开发，产品的设计标准首要是严谨，然后才是其他需要。最难的、最基础的是技术。”郭庆存说，“比如电视机外观漂亮虽然重要，但最难的是里面的芯片。芯片设计需要一个数字编码一个数字编码地开始做，成千上万条数据链加起来才能解决一个小问题。这就像小燕子垒窝一样，需要一口泥一口泥地衔。”在海信人眼里，创新是基于严谨、求实、踏实地做好每一步之上的，严谨才是创新的灵魂。

我对《让环境参与创新》的点评：

其值得称道之处在于：

（1）海信基本具备了我们所讲的创新管理，他们用来统领企业研究开发全局的《海信研究开发工作纲要》，包括了计划的编制，规划的制定，研究开发的组织结构，研究开发项目的管理，项目的考核、验收、评价和激励等多个方面，全方位界定了海信技术创新与研发工作，这是非常不简单的，所以说，成功的企业总有他们成功的道理，世上从来就没有随随便便的成功。

(2) 海信在创新的管理上十分强调对创新活动的规律或创新之理的尊重，他们努力营造出符合创新活动规律的软硬环境，以促进创新成果的诞生。

(3) 海信的创新不只是局限于少数的研发精英，而是深入到每一个车间、班组，从上到下，全员参与，在抱住西瓜的同时，也不放过芝麻，大的技术产品创新与旨在节能降耗的小改小革并举。

其有待关注之处在于：

(1) 对创新之理的认识有失偏颇。比如主管研发的海信集团副总裁郭庆存认为：创新是逼不出来的，诱惑不出来的，是来自内心的创新冲动和激情。这样的看法就不能说全面。固然像基础理论之类周期漫长的研究，不能仅仅靠逼，但我们也不能由此认为所有的创新都不能逼，不能有一点点逼，似乎一逼就会把创新者的灵气逼走，一逼就违背了创新活动的规律。市场经济社会的企业，因为时刻面临强大的生存压力，所以千方百计地创新，创新产品、创新设计、创新管理。我们很难设想，如果离开了必要的逼，企业还有没有丝毫动力去冒着风险进行艰苦的创新。创新的企业如此，创新的个人也是如此。诸葛亮没有司马大军突如其来的兵临城下之逼，大概永远也不会有“空城计”的战术创新。俗话说“急中生智”，不正是逼出来的智慧吗？创新常常是绞尽脑汁、搜肠刮肚、上穷碧落下黄泉后的灵光一闪，若没有相当的压力，会有多少人愿意做这般的苦思冥想？因为个人兴趣的情形自然是有的，尤其是在周期漫长的基础理论创新领域，但一定是少数，大量的应用型技术创新、设计创新都离不开必要的逼。纯粹的逼当然不行，但一点不逼也万万不行，把逼与创新对立起来恰恰有悖于创新的规律。

又如舍得给员工一个视野开阔、赏心悦目的有形环境无疑是管理层的一种高姿态，但从激发创新的角度讲，所谓适宜的环境也是因人而异的。传说林彪就喜欢坐在剧烈颠簸的吉普车上思考应敌之策，有的人喜欢坐在马桶上思考问题，他或她只要往马桶上一坐，身心顿时获得充分的放松，思维也随之活跃起来；还有的人喜欢关起门来、喜欢躺在床上进行创新性的脑力劳动，总之，林子大了什么鸟都有，千人百性万脾气，创新的道理亦然。所以，为促进创新的目的计，最要紧的还是对个性的尊重，对创新者的管理主要看结果，这也正是许多IT企业并不要求员工准时上下班的原因之一。相比之下，海信还显得保守了点（特别申明：不要求员工准时上下班，不等于不需要制度的约束）。海信对研发人员的管理还应像我们所讲的，在制度管理、情感管理的大区中，营造一个创新管理的特区。

(2) 管理的创新虽然实际上在做，但没有像对待技术产品创新那样，进入到理论的自觉的高度。对一个高成长型的企业，对管理进行创新的重要性一点都不比对技术产品的创新差，甚至于有过之而无不及，很多技术产品创新乏力的症结都能在管理创新不足上找到。

(3) 在创新软环境的营造上，没有将最为关键的“反”的理念的培育摆在突出的位置，或者说没有为员工的“反”建立起必要的制度保障（重申：“反”指反观、反思、反问、反听、反省、反常、换位思考、换个角度看问题、襟怀坦白的批评与自我批评、反驳、反其道而行之）。当海信空调有限责任公司的总经理，因为对技术上的某个问题与董事长周厚健产生不同的看法，便不留情面地“腾”地站了起来“反”时，周厚健可以缘于个人的高度自觉，而大肚能容，能完全化解开心中的不快，但周厚健一人的大肚能容，并不能代表他手下各个主管的大肚能容。如果他手下的各个主管却不能像他一样地大肚能容，则海信企业的创新氛围就不容乐观。民主党总统候选人克里之所以敢在众目睽睽之下，不遗余力地反驳、反问现任总统布什，是因为一方面他一旦“反”成功，总统宝座就是他的，他有“反”的动力；另一方面美国法律充分保障了反对人的权利，克里不必担心是否会遭遇秋后的算账，是否会被穿上小鞋，他有“反”的胆量。海信要想在企业的研发工作中，使员工既有“反”的动力，又有“反”的胆量，也必须从制度保障着手。要以强有力的制度明确规定出员工在什么情况下应该“反”，什么情况下不允许“反”；应该“反”的场合，员工不“反”会有什么样的坏处，“反”了有什么样的好处；以及企业将以什么样的公开透明的标准去衡量那些擅长于“反”的员工，决定他们的奖惩去留等。当然，若是从长计议的话，海信员工们的想“反”、敢“反”，根本上还有赖于企业民主、平等、自由、尊重个性一系列相关价值观的树立。

第五章　1＋2＋3＝1

> 麻雀虽小，五脏六腑俱全。
>
> ——俗语

☺ 1＋2＋3＝1

我把企业比作一辆无人驾驶的战车。一辆战车要想成为一位招之即来，来之能战，战之则胜的猛将少不了三块单元。第一单元是它的机械制造设计，也就是借助先进合理的机械制造设计，将不同的机器元件、零配件加工组装成一辆结构紧凑、功能先进、坚固耐攻的战车。第二单元是它的润滑、减震设计，也就是借助润滑油的黏性和减震体系的弹性，防止不同的机器元件、零配件之间硬碰硬和硬损伤，提升战车的使用功效，延长战车的使用寿命。第三单元是它的自动化应变设计，也就是借助信息的吸收、加工、处理和反馈，使战车能适应各种不同的战场环境，在有效地保存自己的前提下，最大限度地消灭敌人。三个单元各有各的功能，相互间不能替代，对构成一辆货真价实的无人驾驶战车来说，它们缺一不可。换言之，一辆性能卓越的无人驾驶战车只能是它们三位一体的产物。

把有关构成无人驾驶战车的三块单元的比喻应用于企业，就是我们在前面三章中逐一论述过的三种不同的管理。第一单元为制度管理，旨在使不同的个人、部门构成一家高效率的组织。第二单元为情感管理，旨在使员工与企业、员工与部门、部门与部门间和谐协调，减少企业运行中的摩擦。第一、第二单元的珠联璧合，类似于传统管理中的刚柔相济和恩威并举，传统社会里组织生存竞争的压力小，面对的主要难题是稳定，有胡萝卜加大棒式的管理已确保能不辱使命。但现代社会的企业却不行，现代社会的企业生存竞争的压力大，面对的主要难题是怎样应对不断变化的市场环境，快速地变，正确地变。因而还得加上以创新的管理为己任的第三单元，三个单元的有机统一——制度管理、情感管理、创新管理的三位一体，才能构成一个有序、协调、开放的企业。三位一体的阶梯式管理也可借助于“1＋2＋3＝1”的数学方程得到更为形象的表达：方程左边的1、2、3分别代表位于第一、第二、第三层面的制度管理、情感管理、创新管理，方程右边的1则代表由位于三个不同层面的三种不同管理的梯进与融合而成的一个整体。

我们的三位一体不是基督教圣父、圣子、圣灵意义上的三位一体，我们的三位是指构成阶梯的三个不同层面上的三种管理，一体是指由三个不同层面上的三种管理构成的一个阶梯。三位与一体的关系是母子系统的关系，共生共存的关系，谁也离不开谁的关系。一方面，作为三个子系统的制度、情感、创新管理离开了作为母系统的三阶梯管理，再不是我们所讲的制度、情感和创新管理；另一方面，作为母系统的三阶梯管理离开了作为子系统的制度、情感、创新管理中的任何一个，也不能叫做三阶梯管理。

三阶梯管理是一种全新的系统化管理。它既非位于三个层面上的三种不同管理的简单相加，相比于制度、情感、创新管理，三阶梯管理的系统功能不但有量的增加，而且有质的提高；也不是三种不同管理逐步发展的结果，我们讲的是三阶梯管理，三个阶梯是浑然一体的，它有别于三个阶段的管理，阶梯与阶段尽管一字之差，意思却相距甚远；更不等于组成整体的三种不同的管理，整体是整体，部分是部分。

我们的三阶梯管理的内涵可以用以下六点来作生动形象的概括：① 1+2+3=1；②我是我你是你；③我中有你你中有我；④没有地哪能有天；⑤步步高；⑥不变生万变。除①1+2+3=1外，其余的②、③、④、⑤、⑥我们将利用本章中接下去的四小节和第六章来一一论述。

☺ 我是我你是你

在一个传统气息浓厚的中国三口之家中，男主人负责挣钱养家、女主人负责相夫教子、小主人负责家庭的继往开来（请注意，我只是在描述现状，我没有为之唱赞歌）。因为有了男主人的存在，流光溢彩的真金白银赚回来了，富丽巍峨的高堂华屋树起来了，眼花缭乱的家用电器摆出来了，雪白锃亮的宝马靓车开上手了，家庭具备了有形的硬件。因为有了女主人的存在，劳累了一天的老公驶入了温馨的港湾，悠然地品味着老婆的绵绵情长；紧张学习了一日的孩子进入了甜蜜的梦乡，尽情享受着妈妈的抚慰怜爱，家庭具备了无形的软件；因为有了小主人的存在，当爸的每天清晨像一只鼓足了劲的青蛙，“嘭”的一声，跃出门去，满脸是幸福的憧憬，做妈的在亲朋跟前一站，恰似一只“咯咯”打鸣的母鸡，浑身散发出自豪的神态，家庭具备了向前的生气与活力。男主外，男为严父；女主内，女为慈母；小主人主读书，小主人为未来。各司其责，各显其能，不可分离，不可替代。在男人，女人代替不了孩子，孩子也代替不了女人，娇妻、爱子一个都不能少；在女人，老公代替不了孩子，孩子也代替不了老公，老公和孩子我全都要；在孩子，少了爸爸没钱花，少了妈妈没奶吃，既不能没有父爱，也不能没有母爱。

相似的情形在我们的三阶梯管理中也能发现。制度管理负责企业组织的效率，情感管理负责企业组织内的情感归属，创新管理负责企业组织的生命传承。因为有了制度管理，不同的部门和个人被构造成了一个高效协作的组织，组织的两头在外，一头从市场吞进原辅材料和知识信息，一头将加工好的产品和服务吐向市场，从中获得高额的回报，企业拥有了雄厚的经济基础。因为有了情感管理，人无分男女新老，地无分东西南北，凡员工都沐浴在企业组织的浓浓关爱中，员工打心眼里理解制度，发自肺腑地感念企业，企业拥有了牢固的情感纽带。因为有了创新管理，员工的创新潜能得到充分的释放，团队的创新进程大大加快，企业发展中不合时宜的制度、丧失市场生命力的产品被一一抛弃，新方法、新技术、新材料、新市场不断地涌现，企业拥有了生生不息的力量源泉。制度管理主组织生产力，制度管理为刚；情感管理主组织凝聚力，情感管理为柔；创新管理主组织生命力，创新管理为长生。各有分工，各尽其力，不可分割，不可代表。制度管理代表不了情感管理，情感管理代表不了创新管理，创新管理代表不了制度管理，反过来也一样。

☺ 我中有你你中有我

我们仍然以三口之家的例子来引述。男主人、女主人、小主人固然有着相互区别、相互不同的一面，但他们相互包含，我中有你你中有我之处也是一目了然的。小主人身上流淌着男女主人的鲜血，携带着男女主人的遗传基因的事实固然明摆着，就连男女主人身上也彼此烙上了对方的印记：从说话的腔调到举手投足，甚至外貌长相。原本不像的夫妇俩，恩恩爱爱，卿卿我我，共同生活的时间越长，看起来很像的地方越多。诚所谓由表入里，由里到外，你拥有了我，我拥有了你。夫妇俩如此，父子、母女间也是如此。俗话说得好，知子莫如父，知女莫如母。为什么知呀？因为他们（她们）

拥有太多的相同和相似。

制度管理诚然以对制度的管理为主，但这种以制度为对象的管理之中，也包含了一定程度上的情感管理和创新管理。比如企业在制定制度时要设身处地地为员工着想，充分考虑员工的情绪感受，严禁带有歧视性的规定，防止伤害到员工的自尊，以免招来员工的抵触等都是情感管理在制度管理中的体现。又如企业用规章制度就创新头脑风暴会的召开时间、参加对象、会议议程、注意事项、成果的认定与奖励等作出专门规定。由此，创新管理就融入到了制度管理之中。

情感管理诚然以对情感的管理为主，但这种以情感为对象的管理之中，也包含了一定程度的制度管理和创新管理。比如给员工送生日蛋糕、直接上司必须叫出所有下属的名字、上级看到下级要主动问候等共性的、行之有效的情感管理做法，都可以用制度的方式固定下来，情感管理需要倚重于制度管理。又如鼓励员工参与企业的管理、采纳员工的合理化建议、为员工的自我实现创造条件等举措既可以列入情感管理，因为这些举措的实施，势必会赢得员工对企业的好感；也能够视作创新管理，因为这些举措的推行，势必有利于创新的诞生。如果列入到情感管理，情感管理之中就含有了创新管理。

创新管理诚然以对创新的管理为主，但这种以创新为对象的管理之中，也包含了一定程度的制度管理和情感管理。比如企业通常会随着销售市场的扩大、销售人员的增多，不断地完善与改进它的销售管理方式，其中不但包括对销售管理制度、流程、组织架构的创新，而且也有对员工情感管理手段的创新。既然是对制度、对情感管理手段的创新，创新管理就和制度管理、情感管理成为“甥舅一家亲，打了骨头连着筋”。

总而言之一句话，制度管理、情感管理、创新管理之间并无不可逾越的鸿沟，区别只是相对的，它们的联系和融合才是绝对的。

☺ 没有地哪有天

没有地哪有天的含义：在由制度管理、情感管理、创新管理三个台阶构成的三阶梯管理中，离开代表第一阶梯的制度管理为基础，代表第二阶梯的情感管理就成了没有价值的无源之水；离开代表第一、第二阶梯的制度管理和情感管理为基础，代表第三阶梯的创新管理就变为毫无意义的空中楼阁。

没有地哪有天带给企业的启示一：建立在牢固的制度管理基础之上的情感管理，才是企业所需要的情感管理。

中国历史上的正面典型田穰苴。春秋齐景公执政期间，晋国攻打齐国的东阿和鄄城，而燕国则侵犯齐国黄河南岸的领土。齐国军队被打败了。齐景公非常忧虑这件事。大臣晏婴为此而向景公推荐田穰苴，说："穰苴虽为田氏门中偏房所生，可是此人论文韬能使众人归服，论武略可令敌人畏惧。希望君王用他试一试。"景公于是召见田穰苴，同他谈论用兵之事。彼此间非常投机，景公就任命他为将军率兵抗击敌人。田穰苴受命后，对景公说："我一向地位低下，君王突然把我从平民中提拔起来，加官于大夫之上，士兵不会服从，百姓不会亲近，而人的地位低微就没有权威可言，因此，请求派一个为君王所宠信、全国所尊崇的人来作监军，才可以统军作战。"景公觉得可以，便答应了他的请求，派宠臣庄贾为监军。田穰苴辞别了齐景公，与庄贾约定说："明天中午于军营门会齐。"第二天，田穰苴先赶到军营，设置了测日影的标杆和计时间的漏壶，以等待庄贾的到来。庄贾一向以显贵而骄横，这次又认为田穰苴所率士卒不过是他自己的军队，而他自己又是君王委派的监军，故对如约赴军之事并不怎么在意。亲戚朋友为他送行，留他宴饮，到了中午时分他还没有到达军营。田穰苴便放倒测影标杆，撤掉计时漏壶，然后进入军营，检阅队伍，指挥士兵，宣布军纪。部署完毕，待到傍晚时分，庄贾才满身酒气来到军营。田穰苴质问庄贾说："为什么过了约定时间才到?"庄贾满不在乎地回答道："不才受大臣和亲戚们盛情饯行，故留饮有所耽搁。"穰苴厉声指斥说："身为将帅，接受命令的那一天，就应忘掉自己的家庭；亲临战阵指挥部队，就应忘掉自己的父母；擂鼓进击的紧急时刻，就应忘掉自己的生命。如今，敌人侵入我国内地，国内人心动荡，士卒们日晒夜露于边境之上，君王为此睡不安稳，吃不香甜，百姓的性命都系在你的手里，还说什么送行呢?"说罢，就把军法官叫来，问道："军法上对于约期而迟到的人，规定该怎样处置?"军法官回答说："应当处斩。"庄贾这时才感到害怕起来，并立即派人飞马报告齐景公，请求解救。庄贾派出的人尚未返回时，田穰苴已按军法将庄贾斩首示众了。全军将士都震惊战栗不已。过了好久，齐景公所派使者手持符节乘车来救庄贾，径直冲入军营。田穰苴对使者说："将领在军中执行军务，君王的命令有的可以不接受。"他又问军法官，说："军营中不准车马驰入，如今使者这样干，军法规定该怎样办?"军法官回答说："应当处斩。"使者一听大为恐惧。但田穰苴却说："君王的使者是不可以杀掉的。"于是，就斩了使者的仆人、砍断车子左边的车辕、杀了左边驾车的马匹，并向全军示众。田穰苴让使者还报齐景公，然后又继续布置军务。对于部队的行军宿营、掘井埋灶、士卒伙食、看病吃药等事宜，田穰苴都亲自一一过问和布置。他还把自己那份官俸粮饷全部拿出来，供士卒们享用，自己同士卒一样平分粮食，特别是照顾到那些体弱有病的士卒。三天之后大军开拔，生病的士卒都请求跟随部队一同出征，大家奋勇争先地为报答将军的关怀而去战斗。晋军听到这个消息后，便撤兵而去；燕国听到这个消息后，也渡过黄河向北撤走，齐国的危急得以解除。田穰苴挥军追击，收复了所有沦陷的国土，然后率军凯旋而归。

我们假设田穰苴看到醉意朦胧的庄贾时，不是果敢地将他杀了，而是慑于庄贾的权势，大气不敢出一口，对士兵是一套，对上面的权臣又是另一套，或者顶多斗胆将他训斥一番了事，那又会是怎样一种结果？他随后对士兵们的情感关怀还有效吗？三天之后，大军开拨时，还会有那么多生病的士卒争着跟随部队一同出征吗？答案是不言自明的。不要说他把自己的官俸粮饷全部拿出来，供士卒们享用，就是他散尽家财，给士卒们做孝子贤孙也不行。相反，田穰苴愈是对士卒们用情，士卒们愈要将他当作软弱无能的窝囊废而对他不屑一顾。

中国历史上的反面典型是项羽。韩信拜将后对刘邦说："项羽对手下人非常有礼貌，心肠也很软，不仅言语恭敬，而且仁爱慈祥，但他却有一个致命的弱点——十分的小气。手下的将领为他冲锋陷阵，赴汤蹈火，浴血奋战，他理应给手下封官赐爵，可他总不肯这么做。他虽然也有封赏，也会给建功立业的手下铸一个官印，但这个印铸好了以后，他会捏到手里舍不得给，在手上磨过来磨过去，直到把一个方印磨成了圆的。正宗的妇人之仁！"

项羽对手下人非常有礼貌，心肠也很软，说明他重视士卒的情感；项羽不能对手下人论功行赏，印铸好了以后直到方的磨成了圆的都不肯给，说明他忽视军队的制度。情感失去了制度基础的支撑，便成为不折不扣的妇人之仁。好一个妇人之仁！好一个只有恩，没有威；只有柔，没有刚；只有慈母，没有严父的妇人之仁！如此的妇人之仁、婆婆妈妈当然成就不了项羽的帝王大业，当然要让他无脸见江东父老。

田穰苴和项羽正反两方面的事实证明，情感管理虽然必要，但只能是制度管理的补充。先有制度管理的铁腕在前，再有情感管理的抚爱在后，情感管理才能发挥其应有效能。这一点往往被大多数主张人性化管理的中国企业界人士所忽略。他们只看到欧美公司中情感管理的一面，看不到人家制度管理基础扎实的另一面；只看到欧美公司中情感管理的温情脉脉，看不到人家制度管理的铁面无私。

在制度管理缺位的中国企业，部门职责、岗位职责不清，每个人对于自己做什么、做多少、做到什么程度完全是一笔糊涂账，绩效考核谈不上，奖惩升降凭好恶。由于没有公平、公开、公正的考核、用人、分配制度作参照，每个部门、每个人都自视甚高，都有对其他部门、其他人嗤之以鼻的理由："哼！生产部门重要个屁，他们不过是简单劳动，哪能跟我们销售部比，没有我们'千言万语、千山万水、千家万户、千辛万苦'把产品卖出去，生产的产品再好卖给谁呀？""呸！销售部门有什么了不起，他们整天东溜溜西逛逛，不过耍耍嘴皮子，哪像我们一点都作不了假，认认真真地干活，我们不按时按质按量地把产品生产出来，让他们空手两个拳头去卖卖看？""他算什么东西，就一张没用的文凭，能为公司做点啥？""呸！他有啥子本事，玩来玩去就老一套，要文化没文化，要品味没品味！"如果实在找不出理由时，我比他年轻、我比他力气大、我比他个子高、我比他长得漂亮、我是本地人等也成了抬高自己贬低他人的理由。

每个人都觉得自己最行、最强的直接后果是每个人都理所当然地认为自己应该拿最高的工资、享最优的待遇，每个人私下里都有种怀才不遇、愤愤不平的感觉。部门、个人间因而相互推诿、扯皮、指责、拆台之风日盛，内耗严重，效率低下。这时，不想从根子上消除病症，却指望借助团队、励志之类的培训或情感的投入来解决问题，显然是隔靴搔痒，不得要领。互动、直观、感性的团队、励志类培训固然能让参加者精神振奋，热血沸腾，尤其是当参加者处在封闭的专为培训设计营造的特殊情境中。但激动也好，觉悟也罢，都只能是当时的、暂时的，参加者一离开特殊的培训情境，一回到没有规矩不成方圆的公司，所有的激动、觉悟顿时化为乌有。好比一般饮食男女，在看到身边熟悉的某某于蓦然间一命呜呼时，虽然要发出"人活在世上争来争去有什么意义，还是想开点好"的感慨，并且也是发自内心的，但屁股一转，一回到你死我活的名利场，一切的感慨立即就抛到了九霄云外，继续为一点蝇头小利争得面红耳赤。

给员工发奖金、请吃饭、观光旅游等等的感情投入，或许可以收三天之效，但三天之后呢？三天之后愤愤不平之声又会重新响起。员工在薪酬、福利上的满意度大致与三者有关，即所谓绝对值、相对值、附加值。绝对值取决于员工的心理价位，相对值取决于员工与同行同事的比较，附加值取决于工作的物理环境、人文环境、上下左右关系、公司在业界的地位和前景。绝对值满意，相对值不满意不行；绝对值、相对值都满意，但附加值不满意仍然不行。而要使绝对值、相对值、附加值三者都满意，企业没有一个公平、公开、公正的考核、用人、分配制度则根本不行。制度管理缺位下的情感投入，不但收效甚微，而且很容易沦落为随心所欲的情感、忽冷忽热的情感、个人恩怨式的情感、适得其反的情感。像项羽那样，自己喜欢谁就对谁好，而不是根据规章制度该对谁好就对谁好，“庸主赏所爱而罚所恶”，而不是“明主赏必加于有功，罚必断于有罪”。不辨良莠、有失公允的情感投入有还不如没有，没有时大家一视同仁，心平气和；有，反倒引发起激烈的矛盾、猜忌、勾心斗角和仇视，带给企业无穷无尽，无踪无影的灾害，不要也罢！

没有地哪有天带给企业的启示二：建立在坚实的制度管理和情感管理基础之上的创新管理，才是企业所需要的创新管理。

企业的制度管理、情感管理基础脆弱对创新管理的妨害至少意味着两点：一方面，企业的组织结构松弛，一盘散沙，士气委靡，离心离德，能干的人呆不下，无用的人减不掉，留下怨声一片，以致无论是企业员工的创新动力，还是员工的创新能力都处于一个非常低端的位置，由此而来的创新管理不但先少了几分元气，而且自己费了九牛二虎之力取得的创新，一不留神就会因为员工的身在曹营心在汉而花落到竞争对手那里去，为他人作铺路石；另一方面，组织机体的羸弱与消化吸收功能的衰竭，使得再先进适用的管理方法也不能发挥其应有的作用，再价廉物美的产品也不能畅通无阻于市场。据此进行的创新一不小心就会陷入误区，将不该反的方法反了，将不该弃的产品弃了。

☺ 步步高

步步高的含义：在由制度管理、情感管理、创新管理三个台阶构成的三阶梯管理中，企业要一步一个台阶地向上走，一步一个高度地拓宽新视野。

步步高带给企业的启示一：在通向管理之巅的阶梯上，企业必须脚踏实地、老老实实地迈好每一步，中间无捷径可走，不能有丝毫的心浮气躁和盲目冒进，不能越过制度管理而直接跃入情感管理，或越过情感管理而直接跃入创新管理，而要坚定不移地把制度管理的基础夯实、夯实、再夯实！

全球化背景下的中国企业相对于欧美企业，既有后发优势，也有后发劣势。后发优势如：中国企业不必像欧美企业那样，在管理规律的探索上一点一点地积累，可以将一些基于技术层面的、基于人类共性的管理知识和方法直接拿来为我所用；后发劣势如：双方在不同的起跑线上进行同一种规则的全球化竞争，中国企业面临着比同期欧美企业要大得多的生存发展压力，欧美企业成为世界五百强是水到渠成的事，中国企业渴望进入世界五百强，却包含了太多的恐慌与无奈。

中国企业克服后发劣势的唯一的因应之策在于学习，在于向欧美企业学习，乃至比欧美企业更快地学习。学习之道贵在全面、完整、准确，贵在循序渐进，但中国企业因为特殊的情境和紧迫感的驱使，难免使原本值得庆幸的学习，变为一次次险象环生的寻宝之旅。学习中不是急功近利，就是断章取义，合我胃口的就学，不合我胃口的就弃，还名之曰“本土化”或“中国企业的特色”，真正滑天下之大稽；学习的目的不是强身健体，而是怎样去一夜暴富，永远是急如风火的身影，永远是贪婪焦急的双眼；一个方法不行赶紧换上另一个，另一个还没试两天又换上更新的另一个，从不肯耐下心来，平心静气地想一想：到底是欧美企业的方法不行，还是自己的制度管理基础不牢靠，压根儿就不具备施行欧美企业的先进管理方法的条件？到底是欧美企业的先进管理方法不适合中国企业的土壤，还是自己缺乏科学移植的本领？欧美企业的先进管理方法当然是好，但离不开一定的基础条件，你既不具备他们那个基础条件，又不肯静下心来做耐心细致的工作，将暂时不具备的条件补上，只是机械地照搬照抄，难免要橘生淮南则为枳了。

说到这里，我还想顺便讲几句有关民主政治制度的题外话。我虽然毫无为欧美资本主义民主政治制度唱赞歌的打算，但却不能认同那种仅仅因为菲律宾、印度尼西亚、巴西、智利等国引入了民主政治制度后社会经济的发展并不尽如人意，便怀疑起民主政治制度对广大发展中国家的适用性来的简单看法。其中的道理好比源于欧美企业的规范的法人治理结构之于中国企业。规范的法人治理结构之于中国企业的做大做强无疑具有不可或缺的先决作用，但我们能不能说，大凡中国企业只要建立了规范的法人治理结构后，就一定有能力到全球化的市场竞争舞台上和欧美同行一决高低？显然不能这样说，因为规范的法人治理结构只是中国企业有能力参与全球化市场竞争的一个必要条件，而非充分条件。两个人打架，一个人有枪，一个人赤手空拳时，没枪的武功再好，也难逃被前者打死的厄运。但我们是否可以说只要给后者一把枪，就一定能让他置前者于死地？不能！因为后者如果在枪法、动作上逊色于前者，则一样要被前者干掉。我们不会因为部分中国企业建立了规范的法人治理结构后，没有立即赶上或超过他们的欧美同行，就去怀疑起规范的法人治理结构之于中国企业的适用性。我们同样也不能将菲律宾、印度尼西亚、巴西、智利等国因为其他条件的不成熟而导致的社会经济发展的不理想的原因，唯独归结到民主政治制度上。

步步高带给企业的启示二：随着管理台阶的升高，不但管理本身的难度、管理者和被管理者的素质在提高，而且企业的档次也在逐步提高。

制度管理、情感管理、创新管理分别以制度、情感、创新为对象，制度基本隶属于技术的层面，直观性强，比较容易把握；情感隐藏在人的心中，人心隔肚皮，把握起来有一定的难度；创新与人的个性、潜能有关，并且创新活动本身所具有的不确定性、风险性，也进一步增加了把握的难度。因而，情感管理的难度要高于制度管理，创新管理的难度又要高于情感管理；管理的难度提高了，相应的管理者和被管理者的素质，以及企业的档次自然会跟着一道水涨船高，应是不言自明的事。

☺ 来自远古的回音

《史记·滑稽列传第六十六》中说："子产治郑，民不能欺；子贱治单父，民不忍欺；西门豹治邺，民不敢欺。"三子之中，谁最贤明呢？认为子贱最贤的意见从来就占了上风。原因在于我们是一个讲究德治的国家，而子贱的"民不忍欺"，靠的恰恰就是仁德感化。而子产虽有"民不能欺"，靠的却是明察秋毫和监督严密；西门豹虽有"民不敢欺"，靠的却是刑罚和以威势震慑人，统统比不上子贱。

我颇有点不以为然，我比较赞成清朝王源推许子产为"春秋第一人"的看法，不仅如此，我甚至认为，司马迁一句"子产治郑，民不能欺；子贱治单父，民不忍欺；西门豹治邺，民不敢欺"，无意中道出了三阶梯管理的雏形。我的理由当然算不上充分，在那样的时代管理尚且谈不上，又何来的三阶梯管理，但也不是完全的牵强附会，毕竟还能从中闻见一些味道。首先不妨将"西门豹治邺，民不敢欺"等同于我们所讲的制度管理，因为西门豹乃著名的法家人物，在中国先秦时期的诸子百家中，法家正是以推崇法制的权威见长。

其次不妨将“子贱治单父，民不忍欺”等同于我们所讲的情感管理。子贱姓宓，名不齐，字子贱，孔子的弟子，比孔子小49岁，或说小30岁。据记载子贱在单父任上时，身不下堂，唯弹琴而已，但单父却治理得很好。与他同期的巫马期也曾治理过单父，并且一样有成效，但他却是“以星出，以星入”，即通过披星戴月地干，才把单父治理好的。巫马期于是向子贱请教其中的缘故，子贱回答说：“我是任人，你是任力；而任力者劳，任人者逸。”从中我们看到的似乎只有子贱的知人善任和无为而治，全不见情感管理赖以为基础的制度管理的半点影子，其实是片面的。

片面在子贱的身不下堂，唯弹琴而已我们看得见；而他的脑子下了堂，他秀才不出门，能知天下事，他手下的一班得力干将们在外头勤勤恳恳地为他干我们却看不见。得力干将们不但勤勤恳恳地为他干，而且是中规中矩、有条有理地为他干，也就是以法治单父。要不，如果他的脑子不肯下堂，不能识人、用人、留人，或者大家伙一概身不下堂，唯弹琴而已，或者大家伙在堂下、堂外随心所欲地干，无法无天地干，那治理得井井有条的单父和“民不忍欺”又从何而来呢？

片面在我们对无为而治的误解。无为而治，绝非像我们理解的当局者对政事的放任不管，而是在对政治规律了如指掌的情况下，按规律办事，因势利导，顺势而为。由于以往的农耕社会，虽名为社会，但人与人之间的交往少之又少，鸡犬之声相闻，老死不相往来，各人自扫门前雪，不管他人瓦上霜。全社会有待当局者去管理的公共事务，除去基本的农田水利、司法保护、赋税征收、服兵役等屈指可数的几项外，其他方面极为有限，当局者只要尽可能地少为、无为，不去无事生非，不扰民就算积德了。但如果是将建立在农耕社会基础之上的“无为而治”机械照搬进现代高度发达的市场经济社会则大谬不然。我们以交通管理为例。过去街上的行人少、车子少，不但少，而且慢慢吞吞，一步三摇，当局者无为而治没关系，不会发生交通事故，更谈不上撞死人；但今天如果在面对纷繁复杂的交通网，川流不息的滚滚车流、物流、人流时还跟过去一样，没有专门的管理机构，没有健全的交通法规，没有一线的交通警察，那情景有谁能够设想？从这一角度讲，精兵简政固然要常抓不懈，但也不能简单地以几千几百年前的官民比例来作为衡量眼下政府是否臃肿的依据。

再次不妨将“子产治郑，民不能欺”等同于我们所讲的创新管理。子产依靠自己胜人一筹的能力，使“民不能欺”的事实不必说，问题是他的“能本”也有着制度管理、情感管理的基础。

公元前536年，子产第一次动用200多斤（旧制）铁铸造了一只鼎，上面铸着新制定的刑书，放置于王宫门口，公布于众。这就是中国历史上有名的“铸刑书于鼎”。子产推行法治时，遭到了以叔向为代表的旧贵族的强烈反对，叔向认为人民知道的法律多了，争议就变多，国家就不好管理了。子产没有被旧贵族的反对所吓倒，仍坚持己见，他认为：“夫火烈，民望而畏之，故鲜死焉；水懦弱，民狎而玩之，则多死焉。”这是子产“能本”之下的制度管理基础。

郑人游于乡校（乡校即古之“明堂”，为讨论、执行政治的地方，春秋时是否尚有此制，已不可知，不过它可能还作为古建筑保留下来，而且为人游观之所，士民百姓按照旧习惯在这里议论政治），以论执政。然明（一个人的名字）谓子产：“毁乡校何如?”子产曰：“何为？夫人朝夕退而游焉，以议执政之善否。其所善者，吾则行之。其所恶者，吾则改之，是吾师也，若之何毁之?”仲尼（孔子）闻是语也，曰：“以是观之人谓子产不仁，吾不信也。”这是子产“能本”之下的情感管理基础。

第六章 不变生万变

> 隔行不隔理，隔行如隔山。
>
> ——俗语

☺ 何为不变

不变的含义：每家企业的每个发展阶段、每位员工职业生涯的每个时期都需要我们所讲的三阶梯管理。

我们看大卖场里眼花缭乱的饮料，其不变之处在于全部标明了价格、制造商，都以液态的形式出现，并且灌装在一定的包装物中，能满足消费者的解渴需要。

我们看天底下一切的身心健康之人，其不变之处是五脏六腑俱全，有眼睛有鼻子，有正常的七情六欲，能运用语言文字进行交流与思维。

我们看市场经济社会中大大小小的企业，其不变之处都是两头在外：不断地从市场输入资源，经过企业系统的加工消化后，再以产品或服务的形态向市场输出资源，以求得企业资本的保值增值，营销和管理成为所有企业翱翔市场的一对翅膀。（有关不变的营销和管理之理，我想借此聊表两句个人的一孔之见，读者诸君可以跳过去不看。先说营销，现如今五花八门的营销理论、营销名词如4P、4S、4C、4Ps、整合营销、全员营销、顾问式营销、一对一营销、客户关系管理、以市场为导向的供应链管理、服务型企业等真可谓层出不穷，于是有人把手段方式当成了目的，本末倒置，宣称营销是为了客户满意最大化、为客户创造价值，这其实是不对的。营销，不论多么先进、多么时尚的营销，其真实的、真正的目的都是为了把企业的产品和服务卖出去，否则，怎么能叫做“销”呢？卖产品和服务是一切营销的不变之理，变来变去的只是观察问题的角度和解决问题的手段、方式。当然，在一个竞争激烈的买方市场上，企业要想为自己争得一席之地，就必须发自肺腑地将目标顾客当上帝，为客户创造价值，力求使客户满意最大化。但无论如何，手段也代替不了目的，如果我们可以将客户满意最大化当作营销的目的，那么，除了理想的按需分配的共产主义社会，谁都不能达到。所以，那些奉客户满意最大化为营销目的的企业，要么是别有用心的哗众取宠，要么是一叶障目，不见泰山。再说管理，由于沟通、倾听、平等、尊重等理念在企业管理中的日益普及，有人便质疑起组织、指挥、控制对于管理的必要性，这一样是没有道理的。组织、指挥、控制作为管理的三大要点，任何时候都不会变，变了就不能称之为“管”，可变的只能是组织、指挥、控制的手段方式。在早期的企业管理中，因为社会的人文环境和员工的人文素质都比较差，管理的内涵也相对单一，所以组织、指挥、控制主要是通过上级对下级下达行政命令进行的。而今的情况不同了，社会的人文环境早已非往日可比，员工的人文素质也长足提高，既有参与管理的愿望，也有参与管理的能力，再加上管理内涵的复杂、扩张。从而，管理层在进行组织、指挥、控制时，不但需要就决策的问题积极与员工沟通，倾听员工的心声，采纳他们的真知灼见，而且应该一改过去的家长式、命令式作风，充分尊重员工的情绪感受，讲究方法，让员工在和风细雨、潜移默化中接受并完成任务。尽管这样，组织、指挥、控制手段的变化仍然不能代表组织、指挥、控制本身对于管理的必要性的变化，管理一如既往地离不开组织、指挥和控制。）

我们看世上万物，其不变之处在于共同的表征或内在的本质特征。共同的表征如凡军队都有官有兵有枪有炮有营房有纪律，本质特征如军队是属于某一个特定的政党还是属于国家。共同的表征对某一类事物来说有时可以缺，内在的本质特征却不能缺，缺了就不能叫做该事物，像 4 个指头的人是人，但不能运用语言文字进行交流与思维的大猩猩则不能算人。（有哲学认为本质、真理之类的说法根本就是神学的，因为从逻辑推理出发，我们无法证明有关某一类事物本质的认识将永远符合于这类事物。比如，虽然我们迄今为止都能将运用语言文字进行交流与思维视为人的本质，但谁又能令人信服地证明今后永远都不会出现其他任何生物，能够像人类一样运用语言文字进行交流与思维呢？无疑不能证明。换句话说这种生物还是有可能出现的；既然有这种可能，那我们关于人的本质的传统认识，就会从根本上动摇。进而，本质一说也成为虚无缥缈之事。这样的看法我无法反驳他，但却不愿相信他，我只能运用真理的相对性来抵御他。我们固然无法证明今后永远都不会出现其他任何生物，能够像人类一样运用语言文字进行交流与思维，但迄今为止谁也无法证明有一种其他生物能够像人类一样运用语言文字进行交流与思维呀！与其陷我们于不可知论的泥淖而绝望，倒不如信相对真理而有为。毕竟，相对的真理已给我们带来了数不清的文明与进步啊！）

如此，我们归纳出三阶梯管理的不变之处有：①由位于三个不同层面的三种不同管理梯进与融合而成的一个整体；②三种不同管理之间由低阶到高阶的先后排列顺序；③只能由制度管理、情感管理、创新管理，而不能由其他种类的管理，如质量管理、成本管理、销售管理来构成三阶梯管理，或者说制度管理、情感管理、创新管理的本质特征不能变。

☺ 何为万变

万变的含义：每家企业的每个发展阶段、每位员工职业生涯的每个时期所需要的三阶梯管理是千差万别的，犹如人不能两次踏进同一条河流，或世上没有两只指纹完全相同的手。

我们看大卖场里的饮料，其万变之处有品牌、生产厂家、组成成分、香型、浓度、包装材料、包装设计、颜色、质量、生产日期、净含量、条形码、价格等。

我们看天底下的芸芸众生相，其万变之处在于年龄、性别、高矮、胖瘦、体重、天赋、才干、文化程度、地域、民族、肤色、宗教信仰、品质、喜好、职业等。

我们看市场经济社会中的企业，其万变之处是企业名称、地址、所属行业、经营范围、企业规模、品牌知名度、员工人数、员工的知识技能结构、组织架构、注册资金、机器厂房、占地面积、法人代表、经营方式等。

我们看世上万物，其万变之处为外在表现形态和非本质特征。外在表现形态如一个人说话的快慢、脚步的轻重；非本质特征如张三李四的高矮、胖瘦、美丑。由于本质与非本质关系的相对性，对全体来说是非本质的特征，对局部却是本质特征，如运用语言文字进行交流与思维对包括人在内的全体动物而言是非本质特征，但对人这类高级动物却是本质特征。因而，万事万物的万变之处不仅仅限于其外在表现形态和非本质特征，有时在它们的局部也可以发生一些本质特征的变化，像精神病人在丧失了运用语言文字进行交流与思维的能力后，虽然不能称为具有完全行为能力的人，但从生物学的角度讲仍属于动物；精神病人作为局部的人的本质的变化，并不影响到他作为动物本质的变化。（注意：我丝毫没有侮辱精神病人的意思，我只是为了形象地说明问题。）

由此，我们归纳出三阶梯管理的万变之处有：①三阶梯管理的外在表现形态和非本质特征，譬如，三阶梯管理的侧重点是放在制度管理，还是情感管理，或是创新管理。②作为三阶梯管理系统的子系统，制度管理、情感管理、创新管理的外在表现形态和非本质特征，譬如，制度管理中的粗细、宽严、分合。③作为制度管理、情感管理、创新管理子系统的孙系统，譬如，创新管理中的技术创新的管理部分，就可以有本质的提升，这种孙系统本质特征的变化，不会影响到作为子系统的创新管理本身，创新管理仍然是创新管理，而且是更高层次的创新管理。

☺不变生万变

世上万物可分为自然和人造的两类，如宇宙中的恒星和人造地球卫星。坦率地讲，我并不能用生动活泼的哲学语言来厘清世上万物的万变与不变之理，那是件颇费周折之事，我只能就人造万物谈点大概。人造万物，不论有无可查找的记录可寻，必定有它们特定的首创之人。首创之人，常常根据已有的对自然之理的认识，进行着前无古人的发明创造（当然是指对人类的文明进步有益的发明），譬如，爱迪生发明电灯。这第一只电灯，除去它特有的个性外，已内含了为此后所有电灯所具备的本质特征——将电能转化成光能。步爱迪生后尘的人们，遵循着爱迪生赋予电灯这一事物的不变之理，又相继制造出无数只光怪陆离的多姿多彩的电灯来，进而形成了电灯这一种类的人造事物。从中我们看到，对人造电灯而言，是先有首创之电灯的不变之理，后有同类电灯的万变之理，也就是不变生万变。

我们的三阶梯管理也是如此，先有我作为首创之人赋予三阶梯管理的不变之理，再将内含了不变之理的三阶梯管理应用于千差万别的企业。在三阶梯管理应用于千差万别的企业时，不变的三种管理总要以具体企业的三种管理出现，而具体企业的情形又大不相同：不同的行业、不同的规模、不同性格的法人代表、不同素质的员工、不同的技术水平，具体企业的三种管理、三阶梯管理因之也千差万别，于是不变生出了万变。

三阶梯管理的不变与万变之理，从一个侧面印证了那两句貌似相悖，实质相通的老话：隔行不隔理，隔行如隔山。隔行不隔理指的是三百六十行共有的不变之理，隔行如隔山指的是三百六十行特有的万变之理，由于任何一个行业都是不变之理和万变之理的统一，从而也是隔行不隔理和隔行如隔山的统一。

澄清三阶梯管理的不变与万变之理，有利于我们从两方面进一步深化对三阶梯管理的认识：第一，万变是在坚守不变之理前提下的万变，离开不变谈万变毫无意义。孙悟空会七十二变，一个筋斗翻下去十万八千里，但再怎么折腾就是跳不出如来佛的手掌心。为什么？因为孙悟空是在坚守自身不变之理前提下的七十二变，他万变不离其宗，万变不离自己的老框框。相反，孙悟空如果来个出乎如来佛意料的不留尾巴的第七十三变，如来佛就会傻了眼。当然，我举这个例子的目的不是说凡事不应万变不离其宗，而是要懂得该离其宗的地方得离其宗，不该离其宗的地方就得牢牢地守住其宗。(读者诸君不妨据此想一下，什么情况下应该以不变应万变？什么情况下应该以变应变？)

我曾在《本土化的陷阱》一文中讲过："对待欧美企业的管理经验、理论，的确不能简单地照搬照抄，而应结合中国文化、中国企业的特点有选择性地加以扬弃，取其精华去其糟粕，但问题是准确地选择合乎企业发展需要的先进的扬和弃，远不是一件轻而易举的事，因为扬也好、弃也好都是具体企业管理者的扬和弃，都是在具体企业管理者的价值理念指导下的扬和弃。如果具体企业管理者内心拥有的价值理念是落后、保守、不利于企业健康发展的价值理念，那么他所进行的扬和弃，很可能是把该扬的弃掉，该弃的扬起来，取了糟粕舍了精华。”这样的担忧也适用于我们的三阶梯管理。如何才能防止三阶梯管理在应用过程中的蜕变呢？一句话：先分清楚什么是三阶梯管理的不变，什么是三阶梯管理的万变。既不能错将不变当万变，也不能误把万变当不变。然后只要始终坚持住，不变的地方一定不能变，万变的地方必须因地制宜地变就行。

邓小平同志曾经说：“既要防‘左’，也要防‘右’，特别是防‘左’。”我想把小平同志的话稍稍加以改动：既要反对该变的地方不变，也要反对不该变的地方乱变，特别是反对不该变的地方乱变。我们中国人在社会科学的学习借鉴上太过于强调所谓的“中国特色”、“地区特色”、“企业特色”了，到头来难免变了不该变的地方，变了原属于放之四海而统一的本质，将一个个好端端的理论弄得有其名而无其实。

第二，不变的三种管理在转化为具体企业的三种管理时，既要注重相互之间的匹配，又要讲究与企业特色的匹配。相互之间的匹配指的是同一个制度管理当它作为一个独立的个体存在和它作为三阶梯管理的一个阶层时，应当是两个完全不同的概念。作为三阶梯管理中的一个阶层，它不但要考虑到自身，而且要能够与情感管理、创新管理协调一致。比如“刑弃灰”若用在今天倡导以人为本的社会，势必被国民大加挞伐为暴政，但在两千多年前的秦国就行得通，并且行之有效，这其中就有个类似于制度管理与情感管理、创新管理是否协调、匹配的问题。又如单纯从制度管理的要求出发，下级服从上级、令行禁止、整齐划一是必须的，即使像皇帝要求他的大臣们那样，在领受圣旨时除了口头的三呼万岁外，再加上身体的跪拜也未必行不通。但若是顾及到与情感管理、创新管理的协调、匹配，就要在主张下级服从上级的同时，摈弃一切为了强化人的服从意识而配套的等级、礼仪，尽可能地平等待人、尊重他人。谨此我本人坚决反对在企业中过多地引入一些旨在强化员工服从意识的繁文缛节，下级在接受上级的指令时只要做到郑重地点头答应就行，没必要又是鞠躬，又是立正。我们看问题要全面，不能只看到有利于制度管理的一面，还要看到不利于情感管理、创新管理的另外一面，两者不可偏废。

与企业特色的匹配指的是三种管理虽一个也不能少，但不同的企业、同一家企业的不同发展阶段在三阶梯管理的重心或侧重点上却不同，有的重心放在制度管理上，有的重心放在情感管理上，还有的重心放在创新管理上；重心不同，相应的制度管理、情感管理、创新管理也不同。由此就衍生出我们将在本章以下篇幅中逐一描述的土方结构的三阶梯管理、木质结构的三阶梯管理、花岗岩结构的三阶梯管理。（注：这三种结构的三阶梯管理分别等同于体力劳动密集型企业、资金密集型企业、知识密集型企业的三阶梯管理，这里同样无高低褒贬之意，只为形象地说明问题。当然，为促进人的自由全面发展计、为人道主义计，我要虔诚地企求土木结构的企业越来越少，花岗岩结构的企业越来越多。）

☺ 土方结构（体力劳动密集型企业）的三阶梯管理

体力劳动密集型企业（我为何不遵照通常的“劳动密集型企业”的叫法，是因为字面上的劳动包括了脑力劳动和体力劳动两种，如果将脑力劳动密集型企业囊括在内，则有违“劳动密集型企业”这一名词的本意）的主要特征有：人均占用的固定资产数额小，产品成本中体力劳动消耗比重大，全员劳动生产率低（虽然相对于资金密集型企业、知识密集型企业是矮了一截，但要比单个的手工业劳动者高出许多），员工知识技能少。

典型的体力劳动密集型企业如纺织鞋帽、餐饮服务、贴牌加工业。

体力劳动密集型企业的三阶梯管理的特点有：第一，重心在制度管理，相应的主题词为：制度、流程、标准、执行力、监督、奖惩、有章可循、有章必循、违章必究、一视同仁、率先垂范、一丝不苟、生产率、质量、成本、安全等。由于体力劳动密集型企业有第一产业和第三产业之分，一个向市场提供产品，一个向市场提供服务，因此尽管它们的重心都在制度管理，但重的程度却有所不同，后者要轻于前者，后者会多一些情感管理，通过情感管理的增加，去改善员工的服务态度，进而提高企业的服务质量。

第二，三种管理之间轻重缓急的顺序是一制度、二情感、三创新。日本企业之所以能在以加工制造为主的工业经济领域后来而居上，就因为他们很好地做到了这点。日本社会一百多年的军国主义教育和讲究纪律的传统，使之很方便地建立起严谨有序的制度管理；日本企业普遍推行的终身雇用制，将员工与企业的长远利益紧紧捆在了一起，情感管理的纽带牢不可破；制度管理与情感管理的相济并举，使绝大多数的日本员工心甘情愿地、没日没夜地为企业干，如此的全员劳动生产率必然会举世无双。再加上由全员合理化建议活动的广泛深入开展而来的轰轰烈烈的小改小革，使日本企业的创新管理不但先人一步，而且十分切合、匹配于加工制造业的需要，极大地促进了生产成本的节约和产品质量的提升，令原本已咄咄逼人的日本加工制造企业在国际市场上更加势不可当，如虎添翼。相比起来，同期的欧美企业虽然有良好的制度管理基础，但一方面缺少情感管理的滋润，一方面其固有的创新精神也未能针对加工制造业的个性化需求进行有效的匹配，最终的节节败退也属情理之中的事。

温馨提示：千万不能将作为轻重缓急顺序的一、二、三简单等同于按部就班地去抓制度管理、情感管理、创新管理——前面的没有百分之百的抓到位，后面的就不开步走——那是切切要不得的。我们应该而且必须在充分照顾到制度管理的重要性、首要性的同时，一并把情感管理、创新管理连带考虑上，须知“三阳”一起才能

"开泰"呀！

第三，三种管理之间的匹配以制度管理为旗帜，情感管理、创新管理的内容和形式要以服从、服务于制度管理为宗旨。劳动密集型企业的存在价值几乎就在于依靠制度管理而获得的价廉物美优势，因而相应的情感管理、创新管理都应围绕制度管理，围绕怎样继续巩固价廉物美的优势来进行。比如它的创新管理，就不能仿照高新技术企业（指的是名副其实的高新技术企业，而非那种出于窃取国家优惠政策需要的假冒高新技术企业）。高新技术企业的创新管理属于花岗岩性质，贸然加之于土方性质的制度管理、情感管理基础之上，既有失三阶梯管理的整体协调性，又让下面的制度管理、情感管理承受着不堪承受之重。土方性质的制度管理只有和同样为土方性质的情感管理、创新管理成亲成家，才能琴瑟和同，才能般配或门当户对。

第四，体力劳动密集型大区中有知识密集型特区。如知名的纺织鞋帽企业，总体上讲是传统的体力劳动密集型企业，但其中的研发、设计、企划、IT 部门却是知识密集型特区。对这类小区的管理，不能简单地照搬以制度管理为重心的三阶梯管理的那一套，而要像军队里管理文艺团体、研究机构、医院一样，原则上采用以情感、以创新管理为重心的三阶梯管理。

☺ 木质结构（资金密集型企业）的三阶梯管理

资金密集型企业的主要特征：人均占有的固定资产多、产品成本中物化劳动的比重高、全员劳动生产率远在劳动密集型企业之上、员工的实用操作技能强。

典型的资金密集型企业如钢铁企业、有色冶金企业、石油化工企业、重型机械企业、房地产企业。

资金密集型企业的三阶梯管理的特点有：第一，重心在情感管理。相应的主题词为：关爱、尊重、换位思考、真挚、诚信、坦率、倾听、访谈、生日派对、集体旅游等。

第二，三种管理之间轻重缓急的顺序是在制度管理已成熟的前提下一情感、二创新。这里将情感管理放在第一位的说法不太好懂，因为企业安身立命的根本在于经济效益，怎么能把情感管理放在第一位呢？是否有舍本趋末之嫌？应该没有，因为一方面情感管理第一的前提是制度管理已成熟，离开这个前提，制度管理依然为第一，况且从目的上讲，情感管理即使位居第一，也是为了制度管理更有效，为提升企业的经济效益服务的；另一方面情感管理第一是针对资金密集型企业而言的，资金密集型企业很多是由体力劳动密集型企业发展而来，像采用流水线作业的日用百货企业。如果说体力劳动密集型企业的存在价值在于产品的价廉物美，那么资金密集型企业就不仅是价廉物美，而且还包含了一定的人文情感因素。我们看铺天盖地的白酒，体力劳动密集型企业的白酒主要靠价廉物美在方圆一百里内求胜，资金密集型企业的白酒却不仅要价廉物美，而且得捎带上相当的人文情感诉求，才能在更为宽广的市场上打动消费者。既然有相当的人文情感诉求，而我们的情感管理又内在蕴涵了对消费者的情感，所以，如此的情感管理则舍我其谁矣。

第三，三种管理之间的匹配以情感管理为旗帜，制度管理、创新管理的内容和形式要以服从、服务于情感管理为宗旨。这里的服从服务表现在制度管理上，就是要由土方性质提升到木材性质；表现在创新管理上，就是要由花岗岩性质降低为木头性质。当然了，无论是土方、木头，还是花岗岩，又都可以细分为更多不同的种类，大类里面有小类，三阶梯管理因而也多姿多彩、精彩纷呈。

第四，资金密集型大区中有知识密集型特区。为何只有知识密集型特区而无体力劳动密集型特区？道理是就高不就低。一个随地扔垃圾的人，新到一个窗明几净，一尘不染的环境中工作，刚来那阵子，很可能习惯使然，继续扔上几次，但用不了多久，他就会为自己的低素质感到不安，迅速改掉身上的陋习。同样地，一个高素质的人来到一个脏乱差的地方，如果没有特别的毅力，也会渐渐地变为下流。这就是说，木质结构的（资金密集型）三阶梯管理大区，能拔高其下的土方结构的（体力劳动密集型）三阶梯管理小区，却不能孕育出其上的花岗岩结构的（知识密集型）三阶梯管理特区。花岗岩结构的（知识密集型）三阶梯管理特区，只能借助特别的手段，精心地培育才能获得。

☺ 花岗岩结构（知识密集型企业）的三阶梯管理

知识密集型企业的主要特征：产品成本中体力劳动和物化劳动的消耗比重小、知识型员工多且知识丰富、全员劳动生产率高。

典型的知识密集型企业如IT企业、咨询企业、培训企业、研发中心、生物医药企业、其他高新技术企业等。

知识密集型企业的三阶梯管理的特点有：第一，重心在创新管理。相应的主题词为：信息共享、无障碍沟通、碰撞、平等、自由、自主、事业心、理想、职业目标、自我实现、激情、头脑风暴、对抗、藐视权威、宽容失败、鼓励冒险等。

第二，在制度管理、情感管理已成熟的前提下，以创新管理为先（同样要注意前提）。

第三，三种管理之间的匹配以创新管理为旗帜，制度管理、情感管理的内容和形式要以服从、服务于创新管理为宗旨。这里不必讲更多的道理，还是让我们感受一下标杆企业Google那迥然有别于传统管理的生动现实罢！

以下摘自蔡耀骏先生的《谁也挡不住的Google》一文。

走进Google，很难觉得是走进一家企业。不管是在哪一栋办公室，每走20步、每过个转角，就会看到食物。这里有20个零食间，

24 小时供应各式各样的糖果、饼干，还有在超市一瓶要价超过新台币 100 元的 100%纯果汁。而这一切，都免费。

Google 也有硅谷最出名的五星级（免费吃到饱）餐厅。这个由 Google 前 CFO（主厨长）查理·艾尔斯一手打造的 Charlies Cafe，里面就有 85 位厨师和助理，提供 85%都是有机食材做成的有机饮食。

我们仰赖 Google 解答大小问题，Google 则负责解决员工的一切困扰、辛苦，甚至是欲望，让他们竭尽创意，服务每个上网者的渴望。

Google 有沙滩排球场、游泳池、健身房，还有全身按摩服务；他们提供托婴、牙医，甚至医师看诊；Google 有洗衣间，欢迎员工把脏衣服带来洗；Google 还摆有钢琴，任何人、任何时间都可以演出自己的另一面。

更重要的，Google 给 Google 人现代企业中最难得的员工福利：时间、自由与尊重。

创意之前，人人平等，Google 一直坚持扁平化的组织形态。不管来头多大、多聪明，大部分工程师名片上的职称都只挂“工程师”，显示每个人在创意上的平等。“这种组织形态能让我们保持独特的企业文化，并吸引更多流着 Google 血液的天才。”佩吉说。

而且，Google 很清楚这些天才爱怎么工作。

在 Google 工程师办公空间中，没有隔间屏风，取而代之的是一个个白壁红顶、看似现代蒙古包的帐篷。这种帐篷式办公室可以随拆随搭，正符合 Google 一直都以 2～3 位工程师随项目编组的小团队模式。“如果到史丹佛大学的计算机研究室，会发现一个办公室内只容纳 2～4 个人，跟我们很像，因为我们过去就是从那里出身，我们知道那是很有生产力的环境。”Google 执行长施密特说。

Google 人除了能带宠物来上班，还享有 20%的工作时间用于自己感兴趣的“宠物计划”，也就是工程师每周有一天，可以为自己最狂野的梦想付出。不少 Google 最受欢迎的产品，像G－mail、Google News 等，都是由宠物计划中诞生的创新。

温馨提示：我们在尽情领略 Google 公司那充满现代色彩的情感管理和创新管理时，切不可因为它轻松愉悦的表面而忽略了表面背后的制度，它一样有制度管理，只不过它的制度管理是与充满现代色彩的情感管理、创新管理相匹配的制度管理，这种花岗岩式的制度管理是土方、木头性质的制度管理所不可比拟的。

第七章 横看成岭侧成岭

> 天下百虑而一致，殊途而同归。
>
> ——《易·大传》

☺ 跳出管理看三阶梯管理

宋代大诗人陆游在暮年写过一首《示子遹》的诗，诗的最末两句是“汝果欲学诗，功夫在诗外”。好一个“功夫在诗外”，诚所谓石破天惊的金石之言！不用说，做诗的人要想写出脍炙人口的传世之作，仅靠熟读古人的诗句，讲究诗的形式和技法是远远不够的，还必须跳出诗外去深入生活，深入社会，在广闻博见、举一反三、融会贯通上下工夫。

同一座庐山，为什么有人横看成岭侧成峰，远近高低各不同呢？只由于看的人总是把自己局限在庐山之中，没有跳出庐山看庐山。如果跳出庐山看庐山，并且不仅从一个方位看，而从多方位看，多次看，看到后来，就势必会横看成岭侧成岭，远近高低都是岭，岭就是岭。

到目前为止，我们对三阶梯管理的阐述和论证都是在管理本身的范围内。这样做虽然必要，但还不够；要想看得透彻，看得分明，还必须跳出管理外看三阶梯管理，还要多角度、多学科地看，要做到无论怎么看都是三阶梯管理，那才是真正的、经得起检验的三阶梯管理。接下来，我们不妨分别从辩证的肯定否定规律、心理学上的马斯洛需求层次论、社会统计学上的恩格尔系数的角度，对三阶梯管理进行一番立体式透视。

☺ 三阶梯管理 vs 肯定否定规律

老实说，我对辩证的肯定否定规律并无什么全面深刻、令人叹服的认识，仅有的一点众所周知的常识也不过来自于中学时期的课堂，建立在这等基础之上的透视当然会底气不足了。虽然如此，我依然有三分自信，毕竟像远古人不否定洞穴就没有今天的摩天大厦，爱迪生不否定蜡烛就不会有电灯，爱因斯坦不否定牛顿的经典力学就没有他的相对论，五四运动不否定僵化的文言文就不会有胡适们的白话文之类的事实终归存在，终归能让我们感受到些许肯定否定规律的影子，因而，还是姑且存之，姑且信之罢！

何为肯定否定规律？答：任何事物内部都包含着肯定和否定两个方面的对立，肯定方面是保持事物存在的方面，否定方面是促进事物灭亡的方面。肯定和否定两方面既对立又统一，两方面相互斗争的结果，使否定方面战胜了肯定方面，取得了支配地位，事物就转化到自己的对立面，事物的性质、特征和趋势也随之变化；否定是包含肯定的否定，是事物的自我否定，不是外力的强加；辩证的否定不是一次完成的，事物的发展经过两次辩证的否定，由肯定阶段到否定阶段，再到否定之否定阶段。

透过肯定否定规律看三阶梯管理（参见图示一）：制度管理旨在为企业构建一个高效率的组织，情感管理旨在培养员工对制度、对企业组织的情感，着眼于维护好企业组织，两者的并驾齐驱构成了企业组织的肯定方面；创新管理旨在提升企业的创新效率，使企业不断地否定自己，超越自己，永续经营，构成了企业的否定方面。制度管理、情感管理、创新管理的对立统一构成了企业组织内肯定方面与否定方面的矛盾运动。创新管理引发的新思想、新方法、新产品源源不断地使制度管理、情感管理中那些陈旧的条条框框和坛坛罐罐得到适时的淘汰，也就是企业的否定方面战胜了肯定方面，由肯定到否定，到否定之否定，企业因而在有序中含无序，在稳定中求发展，一步步地做大、做强、做长。

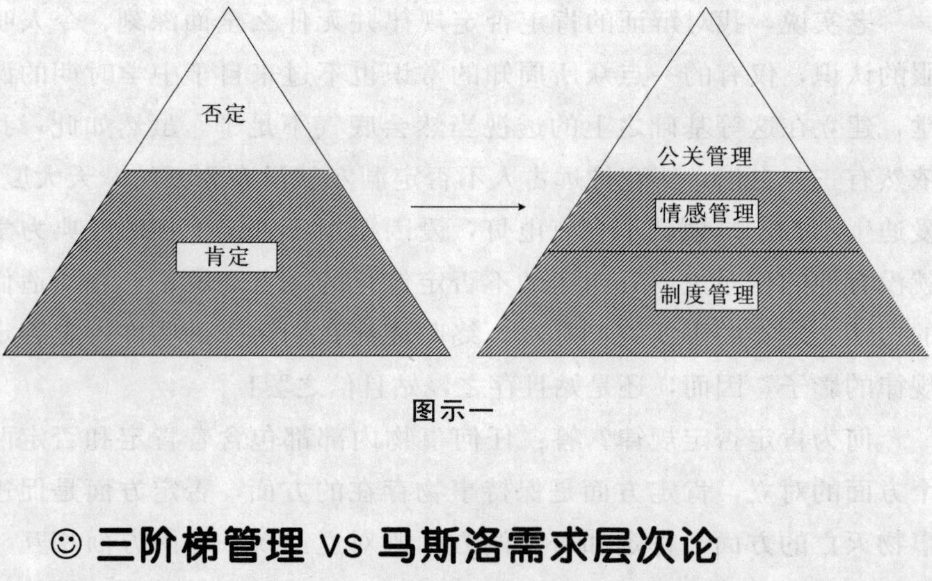

图示一

☺ 三阶梯管理 vs 马斯洛需求层次论

德鲁克在《管理的实践》中说：在所有管理决策或管理行为的背后，都隐含着对人性的假设。这是确凿无疑的，我们的三阶梯管理也不例外，并且我们对人性的假设主要基于马斯洛需求层次论。

何为马斯洛需求层次论？答：马斯洛把人的需求分成五个由低到高的层次，第一层次是生理的需求。生理的需求是人生最基本的需求，可简要概括为五个字：衣、食、住、行、性。

第二层次是安全的需求。希望在晚年老有所养、病有所医，希望在失业以后有人照顾和救急，希望自己的财富能得到保护，不会无缘无故地失去。

第三层次是社交或情感的需求。不但要有温馨的亲情、甜蜜的爱情，而且要有真挚的友情、邻里情、同事情、乡里乡亲情。在社交中建立感情，在感情中得到归宿。

第四层次的需求是尊重，就是我们经常讲的让别人看得起你。

第五层次的需求是自我实现，就是能够实现自我的价值，有成功感、成就感。鉴于自我实现的人代表了未来社会的方向，理应引起读者诸君的更多关注。为此，我特地将马斯洛有关自我实现的人的一系列特征描述摘抄于此，供大家参照：成为工作的主要推动者、有自决权、自由支配自己的行动、能够全程参与某项计划、对成功有所期待、喜欢或至少乐意承担责任、主动而不是被动、做一个人而不是东西、体验自己做主的自我、体验自主性、体验自发性、体验独立性、自己的能力获得他人的认可。

马斯洛需求层次论依据于三个假设：①人只有未被满足的需求才能够用以影响其行为，满足了的需求不能充当激励人的工具。②人的需求按重要性和层次性排成一定的次序，从生理，经安全、社交、尊重，到自我实现。③当人的某一级的需求得到最低限度满足后，才会追求高一级的需求，依次上升，成为个人前进的内在动力。

抛开科学的逻辑证明不谈，单以个人的经验阅历而论，我觉得马斯洛的需求层次论最为准确地道出了古今中外一切人所共有的基本性。这种人的基本性，我们时常可以通过对古今中外名著的阅读来感知一二，名著之所以成为名著，往往正在于它道出了人的基本性，因而能超越时空的限制，引起不同国家和地区、不同时代人的共鸣！如《论语》中的“有朋自远方来，不亦乐乎?”“君子易事而难说也。说之不以道，不说也；及其使人也，器之。小人难事而易说也。说之虽不以道，说也；及其使人也，求备焉”即是经典。

这种人的基本性，在我国古代也有较为相似的表述，如“食色性也”、“仓廪实而知礼节，衣食足而知荣辱”、“生亦我所欲，所欲有甚于生者，故不为苟得也；死亦我所恶，所恶有甚于死者，故患有所不避也”、“终日奔忙为了饥，才能饱食又思衣；冬穿绫罗夏穿纱，堂前缺少美貌妻；娶下三妻并四妾，又怕无官被人欺；三品四品嫌官小，又想南面做皇帝；一朝登了金銮殿，却慕神仙下象棋；洞宾与他把棋下，更问哪有上天梯”等，只不过未能形成像马斯洛那样的理论体系。

马斯洛需求层次论既是人的基本性，则无论多么伟大崇高的王公贵族，都需要衣、食、住、行、性，无论多么卑微低贱的贩夫走卒，也都有被人尊重、被人欣赏、自我实现的渴望。对于前者，乃不争的事实，除非当事的王公贵族出于装神弄鬼或愚民的目的，睁着眼睛说瞎话。对于后者，只要我们稍加留心也俯拾皆是：君不见城市的街头巷尾，乡野的田间地头，三五成群的贩夫走卒们于劳作之余，动辄为了一着棋、一句牛皮互不相让，脸红脖子粗，唾沫横飞，不可开交。他们窘困的日常生活使他们无法靠经世济国的人生伟业来实现自身的价值，求得世人的尊重，他们只能靠一着棋、一句牛皮带来的喝彩缓解一下内心的渴望。他们的高层次需求不但存在，而且会因为稀缺难得，比前者表现得更为强烈。

马斯洛需求层次论的科学性、首创性固然是无可争辩的，但如同任何一种理论的创造者一样，马斯洛的需求层次论不会也不可能完美无缺，其有待后来人进一步补充修正之处也不在少数。心理学家奥德费就曾在《人类需要新理论的经验测试》一文中对马斯洛的论点进行了大胆的修正。他认为人的需要不是分为五种而是分为三种：①生存的需要，包括心理与安全的需要；②相互关系的需要，包括有意义的社会人际关系；③成长的需要，包括人类潜能的发展、自尊和自我实现。奥德费的需要论，我们简称为ERG。奥德费与马斯洛的区别在于马斯洛的需要层次论建立于“满足—上升”的基础上，而ERG理论既有“满足—上升”的一面，又有“挫折—倒退”的另一面；“挫折—倒退”意味着较高的需要得不到满足时，人们就会把欲望放在较低的需要上，如升官无望的人，可能将注意力放到寻欢作乐上。ERG理论还认为人的需要次序未必如此严格，而是可以越级的，有时还可以有一个以上的需要。

我虽然缺少奥德费的专业水准，但也想不揣浅陋地就此谈四点认识：第一，五个层次的需要虽然并存于每个人身上，但由于先天资质上的等等不一，因而不同的人们在面对同一层次的需要时，无论是个人的偏好，还是需要的程度都有着很大的差异。比如，在最低层次的衣、食、住、行、性上，有人沉溺于花天酒地，有人仅要求粗茶淡饭；有人好吃，有人好色。在最高层次的自我实现上，有人的愿望非常微弱，游离不定，若隐若现，似有似无；有人的愿望十分强烈，超乎寻常，穷且益坚，愈挫愈奋（古有中国少怀大志的项羽看见秦始皇威风凛凛，彩旗猎猎地南巡时，禁不住发出“彼可取而代之”的豪言，今有美国童子军克林顿受肯尼迪之邀参观白宫时，当即油然而生起有朝一日我将成为这儿的主人的梦想）。关于这一点，马斯洛先生也已经非常确定地感到了，他思考着为什么有一些人天生具有更强的自我实现意识，他将这部分人称为“生物精英”。他认为这些“出类拔萃者”仿佛是天生的，而不是后天塑造的，他们在管理和指导他人方面有着独特的天赋，独特的天赋衍生出非凡的自我实现欲。

第二，不同背景的人文教育不但影响着人们对同一层次需要内的不同偏好的选择，而且一定程度上左右着个人需要依次上升时的速度快慢。对同一层次需要内的不同偏好选择的影响如海外华商虽然常自比于犹太人，但并不像丰衣足食后的犹太人那样，在事关自身安全需要的满足上，团结一致地诉诸于政治。“华人对于政治的冷漠也出了名，每逢大选，几乎所有的土著人都要请假回乡下投票，只有城里的华人还在忙自己的生意，没有人会对投票感兴趣。”（摘自《广东江门人移民所罗门之路：贫富差距催化骚乱》一文）所罗门的华商如此，全球的华商差不多都是如此。当然，华商也会绞尽脑汁地满足自己的安全需要，也懂得诉诸于“政治”，只不过他们眼睛里的“政治”仅仅是自己看得见的“社团政治”、“地盘政治”，他们所乐此不疲的是如何才能在周围熟悉的乡里乡亲面前称王称霸。至于涉及全族群前途的大事、长远事，则由于深受明哲保身、各人自扫门前雪莫管他人瓦上霜等传统人文观的影响而表现出惊人的冷漠。

对个人需要依次上升时的速度快慢的左右像早期的欧美资本主义社会，因为情感、自主、尊重之类的字眼还鲜为人知，所以，当时产业工人的需要主要局限于生理性的层面。相比之下，当今的中国产业工人就不同了，虽然其脚下的经济基础比早期欧美资本主义的产业工人坚硬不到什么地方去，但由于他们长期深受社会主义当家做主观、人文观的教育，因而在他们的身上表现出了更多的情感尊重需求，这也可以算作是我们的一大后发因素吧！

第三，不同的需要层次之间既相辅相成，也相互矛盾。一个人能否正确平衡不同需要层次间的矛盾，往往决定了他一生的成败，尤其是那些出身贫寒的人。人的一生既短暂，又精力有限，如果我们按部就班地依照由低到高的顺序来筹划自己的人生，先努力解决好自己的生理需要，不但解决，而且解决得充分彻底，然后再解决安全、解决感情、解决尊重，最后等到前面的需要一一心满意足了，再去致力于自我实现，那难免会由于人生的低效，而成为马斯洛所说的无法进入自我实现的绝大多数人中的一员。反过来，如果在人生的一开始，除基本的、必要的生理需要外，先将其他的安全、情感、尊重需要放一放，集中全部精力去追求人生的自我实现，先人三步，等到一旦自我实现梦圆，事业有成，则先前暂时放弃的安全、情感、尊重需要也一并得到满足。这样的人生高效、快捷，被古往今来众多的成功人士所采用。如孔子就有“君子谋道不谋食。耕也，馁在其中矣；学也，禄在其中矣。君子忧道不忧贫”的说法。的确，认真读书的学子，一朝金榜题名，得道成仙，则书中自有黄金屋，书中自有颜如玉，生理、安全、情感、尊重需要统统解决。当然了，我们所讲的高效、快捷的人生未必适用于每个人，特别不适用于那些不爱江山爱美人、自我实现需要微弱的人。人生没有固定不变的模式，选择什么样的人生，关键看每个人自己，自己的人生自己做主，自己觉得幸福就行，管他人怎么去想。

第四，已经满足了的需要，虽然对人们没有了激励作用，但仍然存在，不能够抛开不管。这一点，颇有专门强调的必要。因为经常有专家在言之凿凿地讲，依据他们针对一些大中城市年轻白领阶层的调查发现，随着企业文化、尊重、信任、上下级关系、企业知名度等因素在减少员工流动率上的作用日显，薪水的重要性正在降低。更有甚者说员工的薪水低一点没关系，只要企业的文化氛围良好就可以了，真正是谬种流传，误人不浅！大中城市的年轻白领由于知识技能高，本身的薪水高，的确会更多地看重薪水外的东西，但其他非年轻白领阶层的员工呢？或者，如果将年轻白领阶层员工的高薪水的前提拿掉，那他们还会不首先注重薪水的多少吗？所以，我们绝不能被年轻白领们不注重薪水的表象迷惑住，当真就认为他们不在乎薪水的多少，能够把薪水外的东西当饭吃。

退一步讲，即使是那些自我实现愿望特别强的员工，在高低层次的需要两者不可兼得的情况下，出于忍辱负重的个人考虑而忍痛割去眼前的高薪，做雇主的也不应顺水推舟。顺水推舟虽然使雇主捡到了眼前的一点芝麻，但难保日后不为他人作嫁衣裳。自我实现愿望特别强的员工毕竟不是不需要钱，而是为了自身长远的有所得，迫不得已地告诫自己眼前必须有所失。因而，一旦他们觉得时机成熟，羽翼丰满，就会毫不犹豫地带着在原雇主那儿获取的全副本领远走高飞。

马斯洛需要层次论与三阶梯管理有着十分紧密的联系，我最早有关三阶梯管理的论文题目就叫《马斯洛需要层次论与三阶梯管理》。我所以不吝笔墨地来对之进行详细介绍，不为其他，只为我们能更加清晰地透过马斯洛需要层次论看三阶梯管理（参见图示二）。为了方便地说明问题，我们以奥德费的三层次需要，即生存的需要、相互关系的需要、成长的需要理论为媒介。

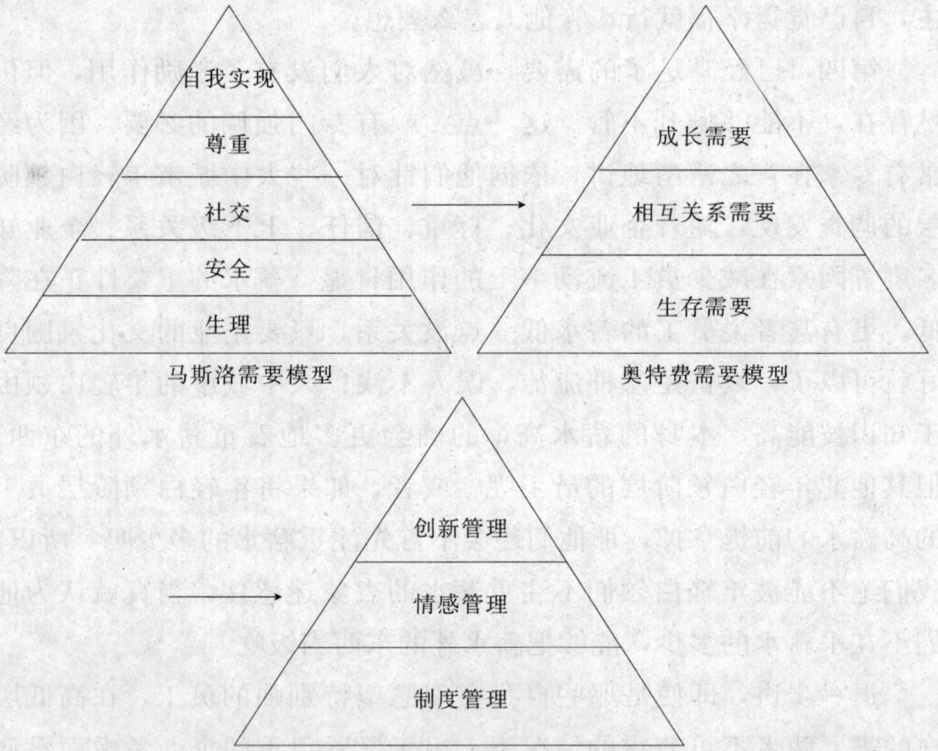

图示二

制度管理以广义的制度为对象，以构建一个高效率的企业组织为目的；企业组织的效率越高，说明单位时间内的产出越多，全员劳动生产率越高；劳动生产率高了，员工的收入也水涨船高，腰包越来越鼓；腰包一鼓的直接体现则是衣、食、住、行、性需要得到满足，得到越来越充分、越来越有品质的满足。如此，我们说制度管理的高效正好对应了企业员工的生存需要。

情感管理以员工情感为对象，以培养员工对企业组织的情感为目的；情感管理内在包含了员工怎样妥善处理与企业内上下左右的关系、与客户的关系、与家庭成员的关系等。如此，我们说情感管理的宗旨正好对应了企业员工的相互关系需要。

创新管理以企业创新为对象，以提升企业的创新效率，以不断地超越自己为目的；企业创新总要表现为具体员工主持或参加的创新，成功的创新既使员工尽享同事、同行的尊重和喝彩，又让员工拥有着至高无上的感觉，找到自己的价值。如此我们说创新管理的努力正好对应了企业员工的成长发展需要。制度管理、情感管理、创新管理不但一一对应于生存的需要、相互关系的需要、成长发展的需要，而且两方面都符合于依次上升和三位一体的规律。制度管理、情感管理、创新管理的梯进和融合构成了三阶梯管理，自下而上的生存的需要、相互关系的需要、成长发展的需要构成了人的全部需要；三阶梯管理是每家企业的每个发展阶段、每位员工职业生涯的每个时期都不可缺少的，三个层次的需要也并列于所有人的身上。

三阶梯管理既有其万变之处，其万变之处也是由不变之处生出。反映在奥德费需要论上，也有其万变之处：不同的人有着不同的需要层次、相同的需要层次有着不同的个人偏好选择与程度等，其万变之处也是由不变之处生出。如此我们说万变的三阶梯管理正好对应了员工万变的奥德费需要，三阶梯管理是充分满足员工需要的最佳架构。

据我所知有两家跨国企业，一家企业的老板说非大专以上人才不用，非聪明人不用；另一家企业的老板却说，高中以上文化的人尽量不要，处世精明的人一概不要，有趣的是他们都堪称同行的大佬。这其中包含的不同的企业需要不同的人才，不同的人才有着不同的需要，不同需要的人才需要不同的管理，而且只要管理得当，一样可以成为行业的领头羊之理，正好印证了我们所讲的万变的三阶梯管理对应着万变的奥德费需要。韩信曾经对刘邦说："陛下不能将兵而善将将，此乃信之所以为陛下擒也。"兵与将是两种不同的人，不同的人有着不同的需要，不同的需要要有不同的驾驭方法。韩信善于用兵，但不懂得管理将领；刘邦了解将领的内心需要，深谙管理将领之道，因而虽不善于用兵，最终却能胜韩信一筹，成为韩信人生的主宰。

☺ 三阶梯管理 vs 恩格尔系数

恩格斯有句名言叫"社会一旦有技术上的需要，这种需要就会比十所大学更能把科学推向前进"。恩格斯的话不只适用于技术的进步，而且也完全吻合于企业管理史的发展。当我们以恩格尔系数作为衡量社会需要的标尺时，将会获得惊人的发现。

何为恩格尔系数？

恩格尔系数（%）＝食品支出总额÷家庭或个人消费支出总额×100%

德国统计学家恩格尔1857年在对美国、法国、比利时许多工人家庭的收支预算的调查过程中，发现了关于工人家庭收入变化与各方面支出变化之间的比例关系的规律性。该规律表明：随着家庭收入的增加，用于购买食品的支出占家庭收入的比重（即恩格尔系数）就下降；用于住宅建筑和家务经营的开支占家庭收入的比重大体不变；用于其他方面的开支（如服装、交通、娱乐、卫生保健、教育等的支出）和储蓄占家庭收入的比重就会上升。因此，一个国家或家庭生活越贫困，恩格尔系数就越大；反之，生活越富裕，恩格尔系数就越小。

透过恩格尔系数看三阶梯管理（参见图示三）。我们先将恩格尔系数分成高、中、低三个等级，则相应的市场经济社会也有落后、中等、发达三个档次与之一一对应。

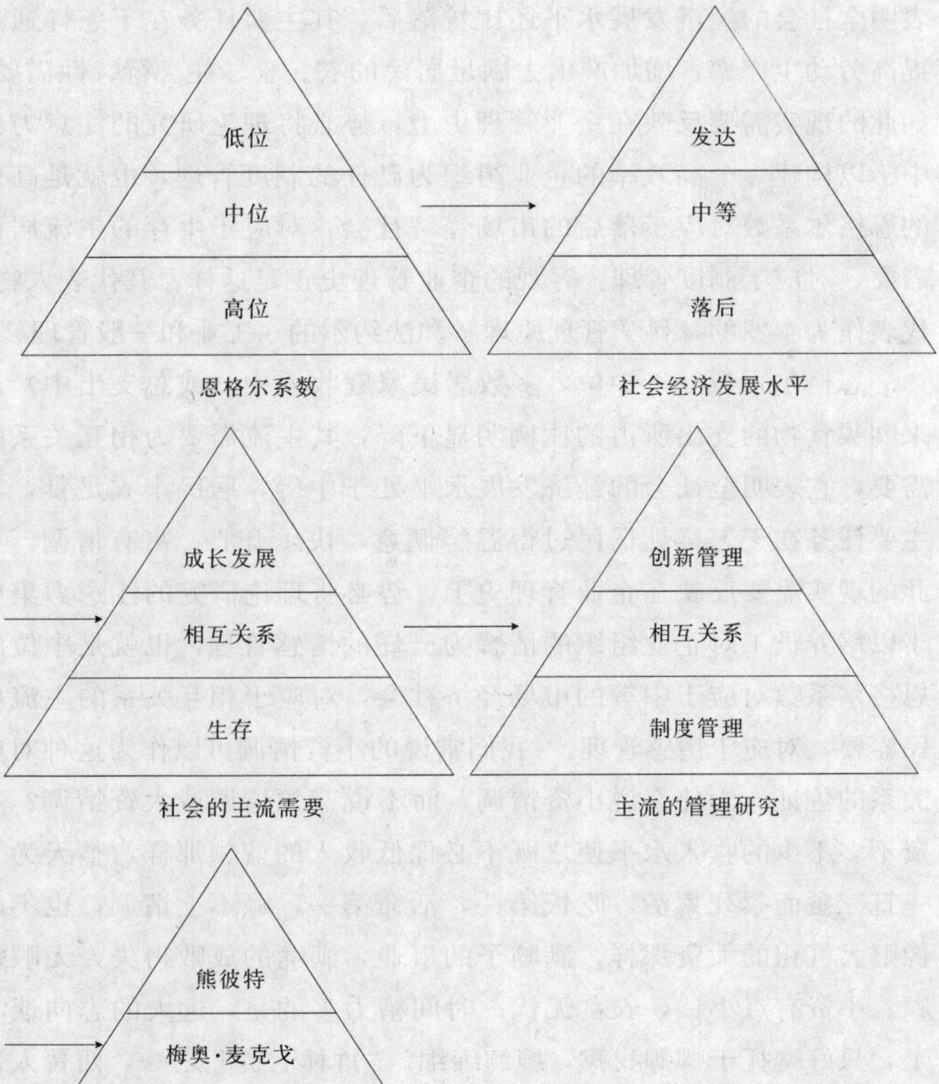

图示三

恩格尔系数处于高位，多数居民家庭收入中（或总支出中）用来购买食物的支出所占的比例最大，其主流需要为生存的需要，它表明全社会的经济发展水平还比较落后，其主要任务在于怎样通过提高劳动生产率，增加产出去满足居民的衣、食、住、行、性需要。如此的现实需要反映在企业管理史上，势必将理论研究的注意力集中于以构建一个高效率的企业组织为己任的制度管理，也就是高位的恩格尔系数对应于落后的市场经济社会，对应于生存的主流居民需要，对应于制度管理。客观的企业管理史正是这样，其代表人物、代表作为泰罗的《科学管理原理》和法约尔的《工业和一般管理》。

恩格尔系数处于中位，多数居民家庭收入中（或总支出中）用来购买食物的支出所占的比例明显下降，其主流需要为相互关系的需要，它表明全社会的经济发展水平处于中等，居民丰衣足食，其主要任务在于怎样让居民过得温馨惬意，快乐开心，富有情调。如此的现实需要反映在企业管理史上，势必将理论研究的注意力集中于以培养员工对企业组织的情感为己任的情感管理，也就是中位的恩格尔系数对应于中等的市场经济社会，对应于相互关系的主流居民需要，对应于情感管理。（我们常说的小资情调可以作为这种对应关系的佐证。为什么说小资情调，而不说蓝领情调或大资情调？小资不多不少的收入水平使之既不必像低收入的蓝领那样，整天为了一日三餐而累死累活，吃饭第一，活命第一，顾不上情调；也不能像财大气粗的大资那样，满脑子的事业，满嘴的成败得失，无暇他顾。小资有点小钱，衣食无忧；时间精力多的是，远大的志向谈不上，只好寄托于卿卿我我，缠缠绵绵。“竹林七贤”之一，西晋人王戎的一段话，则更是小资情调的最好说明，虽然那年月还无所谓小资。王戎丧儿万子，山简往省之，王悲不自胜。简曰：“子立抱中物，何至于此？”王曰：“圣人忘情，最下不及情，情之所钟，正在我辈。”简服其言，更为之恸。）客观的企业管理史正是这样，其代表人物、代表作为梅奥的《工业文明史中人的问题》和麦克雷戈的“X 理论—Y 理论”。

恩格尔系数处于低位，多数居民家庭收入中（或总支出中）用来购买食物的支出所占的比例降到最小，其主流需要为成长发展的需要，它表明全社会的经济发展水平已很发达，一个庞大的中产阶级宣告诞生，其主要任务在于怎样使居民张扬个性，尽现风采。如此的现实需要反映在企业管理史上，势必将理论研究的注意力集中于以提升企业的创新效率、超越自己为己任的创新管理，也就是低位的恩格尔系数对应于发达的市场经济社会或知识经济社会，对应于成长发展的主流居民需要，对应于创新管理。客观的企业管理史正是这样，创新管理方兴未艾，严格意义上的代表人物、代表作虽然没有，却可以暂用熊彼得的《经济发展理论》充当。

恩格尔系数由高到低，社会经济发展水平由低到高，居民的主流需要由生存到成长发展，企业管理理论的研究由制度管理到创新管理，一步一个台阶，一共三个台阶，合在一起就是三阶梯管理。从中我们看到，创新管理日已成为企业管理理论研究的大势所趋和龙头。有鉴于此，我想就与创新管理研究息息相关的三个话题多说几句。

（1）知识经济以创新为主。以我的理解，知识经济就是脑力劳动者占多数的经济；农业经济与之相反，全社会除少数从事脑力劳动的国王、贵族、士大夫、僧侣外，其他人一概以艰苦的体力劳动为生；工业经济介于两者之间，脑力劳动者逐渐增多，体力劳动者逐渐减少。脑力劳动者的工作主要以知识的生产、加工、分配、传播、使用为主，以脑力劳动者占多数的经济，则等同于以知识的生产、加工、分配、传播、使用为主的经济，这样的经济无疑是标标准准的知识经济。

知识就是力量，知识就是财富，脑力劳动者占多数的经济，则等同于最有力量、最能创造财富的人占多数。这样的社会必定是亘古未见、最为先进、最为富足的社会。先进与富足不仅表现在占多数的脑力劳动者身上，而且表现在社会的基本面：高效率的物质生产和面向全体国民的坚实的衣、食、住、行、性保障。这样的基本面，使全社会的人都能够有条件像《红楼梦》中的林黛玉、薛宝钗、贾宝玉他们一般，整天将大量精力放到情感的追求和精神生活的丰富多彩上：游园、游行、游戏、猜谜、幻想、动漫、联谊、集会、演讲、演奏、讲坛、论坛、社团、协会、兴趣小组、歌友会、朗诵会、故事会、赛诗会、读书会、校友会、旅游、体育、歌舞、休闲、刺激、竞赛、竞技、自娱自乐、参与、体验、平等、民主、自我、个性、学习、创新。

因而，知识经济社会的主导产业必将是情感产业、开心产业、健康产业、美丽产业、旅游产业、游戏产业、体育产业、竞技产业、影视产业、文学产业、艺术产业、思想产业、科幻产业、设计产业、策划产业、环保产业、高新技术产业、科研产业、学习产业、教育产业、创新产业等。知识经济社会的知识既有为提升社会生产力水平服务的自然社会知识，也有有助于人的情感身心健康的诗歌、戏剧、漫画、影视、游戏、享乐知识，甚至后一类知识更能引起世人的青睐。知识经济社会的英雄是知识创新的英雄、创造精神财富的英雄，是科学家、艺术家、作家、影视明星、笑星、球星、设计大师，是一切让人们开心快乐的人，衣、食、住、行、性的生产虽然依旧是基础，但已退居于次要地位。知识经济社会的核心竞争力是学习的能力、创新的能力。只有善于学习的人，学习能力强的人才能创新；只有创新的知识，日新日精的知识才是有销路的知识，受到消费者追捧的知识。

（2）创新以充分而公平的竞争机制为重。什么对创新的影响最大？批判的个性、智商、兴趣、好奇心、求知欲、自我实现的需要、有利于创新的人文环境或者其他？统统不是，我觉得对创新最大、最重要的影响一定是充分而公平的竞争机制。自瓦特发明蒸汽机的两百多年间，无疑要算作人类历史上最具创新活力的时期，这一创新鼎盛期的出现绝非偶然，它是西方资本主义世界充分而公平的竞争机制正常运行的必然产物。之前几千年，虽然人们在批判的个性、智商、兴趣、好奇心、求知欲、自我实现的需要上并无本质的差别，尤其是中国的春秋战国和古希腊的雅典，当时的人文环境十分有利于创新，而且也一度诞生了相当丰厚的哲学、军事创新硕果，但由于缺乏一个能有效地将创新成果与社会的用人机制、资源分配机制相挂钩的机制，因而创新始终只能局限于少数自我实现欲、求知欲特别强的哲人、贤人中间，不能推广到全社会，不能转化为一场经久不衰的、愈演愈烈的全民创新。

西方资本主义世界充分而公平的竞争机制对创新的促进之理，正在于它能将创新成果与社会的用人机制、资源分配机制，与凡夫俗子们所奋勇争先的功名利禄紧紧挂钩，从制度上确保善于创新的人才能够被用人单位争着拿高薪来聘请、被老百姓投票拥护爬上高位、有好房子住、有山珍海味吃、有美妙异性爱，还有鲜花、掌声、传媒宣扬传之后世。重赏之下，必有勇夫；重奖之下，必有创新。诸葛亮说淡泊名利，宁静致远，其实是缺乏根据的想当然。试看我国古代那么多自认为或被认为淡泊宁静的圣人、高人、道长、老衲，到底有几人于沉思默想中找到了几条真正有益人类文明与进步的定理规律？好像一个也没有！反倒是遭国人鄙视的名利心重的西方人远远走在了我们的前面，他们一而再、再而三地在名利心的驱使下发现了一个又一个颠扑不破的真理，创新了一门又一门作用巨大的学科。他们虽然有名利之心，但不是一年三百六十五天、一天二十四个小时时时刻刻怀名利之心；他们应该有名利之心时有，不该有名利之心时没有，他们因而能在名利心的激励之下走得很远很远。

如果说相对狭窄的外部竞争环境已对中国企业的创新构成了一重障碍，那么更为狭窄的内部竞争环境则对中国企业的创新构成了又一重更为高深的障碍。中国新兴企业往往应一次成功的创新而生，但一次创新成功后的新兴企业并不能乘势在内部确立起充分而公平的竞争机制以持续创新，将外部市场的创新动力、压力传输到企业内部的每个员工，创新的使命仅滞留于个别的创始人或少数的高层精英身上，企业创新的通道堵塞，创新的根基浮浅。他们总担心内部的竞争会导致不必要的内部矛盾，影响员工团结。于是在中国新兴企业内部就出现了这样一种怪现象：容易量化的销售部门、生产部门实行的是市场经济，不容易量化的人事管理部门、技术部门实行的是计划经济。实行市场经济的部门有动力、有压力，实行计划经济的部门无动力、无压力，你急他不急，你快他不快，大量的不协调、不支持、不配合、不和谐如不尽长江滚滚来，越是担心的问题越是汹涌而至。反映到老板那儿就一个"火"字，反映到员工那儿就一个"怨"字，反映到消费者那儿就一个"气"字。"火"大了，"怨"深了，"气"急了，反映到公司那儿就一个"完"字。

知识经济社会高效率的物质生产和面向全体国民的坚实的衣、食、住、行、性保障，令我们不禁想起马克思曾经美妙憧憬过的共产主义社会。都按需分配了，大家都是懂得谦让的谦谦君子式的脑力劳动者了，还有必要竞争吗？共产主义社会有没有竞争我拿不稳，大概是有的，因为物质的分配可以做到按需，精神的产品永远都不会，杰出的顶级的表演大师永远都是少数，不可能每个人想一睹风采就如愿以偿，而共产主义社会的主流需要恰恰是精神产品的需要。知识经济社会的竞争肯定有，不但有，而且更为合理、公平、透明、激烈，更具游戏性。我们现在也讲游戏规则，但真正能以游戏的心态去参与竞争的人凤毛麟角，竞争中的双方大多是出于生存的需要，而非生活的需要。只有到知识经济社会，在人们彻底摆脱了生存的压力后，才能以从容不迫的心态去参与竞争。这时的竞争主要是自我实现的竞争、思想的竞争、艺术的竞争，全社会成了一个无始无终、无止无境的头脑风暴大会堂。

（3）创新以智商为主，以情商为辅。情商（Emotional Quotient的简称）一词起源于美国哈佛大学著名心理学家戈尔曼撰写的 *EQ*

一书。戈尔曼认为人的成功20%靠智商，80%靠情商。情商大致可以概括为认识自我情绪的能力、自我控制情绪的能力、自我激励的能力、认知他人的能力、人际交往的能力等。

戈尔曼曾做过一个“延迟享受”的实验：他找来一批4岁的孩子，给孩子每人一块糖，并告诉他们若能等主持人回来再吃这块糖，则还能吃到第二块糖。戈尔曼悄悄观察，发现有的孩子只等了一会儿便不耐烦，迫不及待地把糖塞进了嘴里；而有的孩子不但表现出足够的耐心，而且想方设法借助做游戏、讲故事去分散注意力，拖延时间，最终坚持到主持人返回，得到了第二块糖。戈尔曼后来又对这批孩子14岁时和进入工作岗位后的表现进行了长期的跟踪调查，发现晚吃糖的孩子数学和语文总成绩比早吃糖的平均高出120分，而且意志坚强，经得起困难和挫折，更容易取得成功。这个实验说明：能够抗拒欲望，延迟享受，掌控自己情绪的人更容易取得成功。

情商强调的是人们认知和掌控自己情绪的能力，在一个团队与协作的呼声日隆的当今社会，情商对成功无疑具有不可或缺的重要性。虽然如此，我还是不能同意戈尔曼将情商的重要性作不切实际地夸大，尤其不能同意他那句广告式的论断：“人的成功是20%的智商加80%的情商。”

稍微有点社会科学常识的人都清楚，社会科学不比自然科学，可以就某一研究对象做严格而精确的实验，比如说物理学家为了研究苹果的自由落体运动，将苹果从周围的环境中分离出来，放到一个真空的玻璃管中。社会科学却无法将被研究的人从错综复杂的社会生活中隔离开来，只能作较为粗略、较为客观的观察。比如说戈尔曼的“延迟享受”实验，姑且不论延迟吃糖的孩子是否等于抗拒欲望的能力强，毕竟才4岁大的人，智商低的也许还没有正确领会主持人的意思，以为这糖压根就不能吃，吃了会肚子痛，被吓住了；或者虽然弄清了主持人的意思，但他的“延迟享受”不是因为抗拒欲望的能力强，而是不喜欢这糖的形状、包装、味道等。我们假设是等同的，也不能由此将他们后来14岁时的成绩好和进入工作岗位后的表现好归结为抗拒欲望的能力强。他们的成绩好、表现好与众多因素有关，智商、体能、家庭氛围、学校和老师的水平、个性、勤奋程度、工作环境、机遇等。戈尔曼要想让他的结论具有不容置疑的正确性，除非他能确保这些孩子不但年龄、性别、个性、智商、体能、家庭氛围完全相同，而且从4岁到14岁到24岁，他们的成长过程、读书的学校老师、工作环境、机遇、勤奋程度都毫无二致，仅仅是由于抗拒欲望能力的强弱，才造成了成绩和表现的差异，这显然是无法办到的。所以，我虽然未曾完整地读过戈尔曼的一本书，不了解他的结论来源于何处，但依据自身的观察和思考能相信其中一定有不少主观想象的成分。

不少人喜欢拿老话"性格即命运"来作为戈尔曼的最好注释，对此我半信半疑。世上既有无数性格不同命运不同的例子，也不乏性格相同命运不同或不同性格命运相同的人物。例如在中共的十大元帅中，温文尔雅的、内向的、直率的、宁折不断的、含蓄的、豪爽的皆有其人，但不同性格的人，在不同的适宜自己的成长环境中，都成了能征善战的元帅，都取得了辉煌的成功。如果戈尔曼"人的成功是20％的智商加80％的情商"真实可靠，那些被视为低情商的、内向的、宁折不断的人的成功又该作怎样的解释呢？

我接触过的老板不算少，他们都属于通常意义上的成功人士，我在他们身上发现有一个共同的特征：聪明，悟性好，敢冒风险，意志力强。我对成功的看法比较倾向于胡适先生的"聪明人下死工夫"。聪明是智商，是成功的必要前提，没有聪明就没有成功；下死工夫是老老实实地坚持不懈地学该学的知识，练该练的功，不投机取巧，不半途而废，其中有情商也有其他。世上智商特别高的天才和特别低的蠢材都是极少数，"唯上智和下愚不移"。大多数人的智商都处于相差无几的中间状态，其聪明与笨均十分有限。“聪明人下死工夫”的道理既适用于少数高智商的天才，也适用于大多数中等智商的凡人。

戈尔曼们之所以得出了情商优于智商的结论，是由于大多数中等左右智商的人只要肯下死工夫，“人一能之已百之，人十能之已千之，若果能此道矣，虽愚必明，虽柔必强”，也能走向成功。但戈尔曼们没有注意到这里的成功只是相对于大多数人的不成功而言的，原来不下死工夫的人，只能读到高中当一名普通工人，现在下了死工夫，可以上重点大学甚至留校任教。做一位留校任教的大学老师当然要比当一名普通工人看上去成功一点，仅此而已。成工分大小，同样称得上成功的大学老师，有的只能一辈子照本宣科，顶多通俗易懂、旁征博引地为学生讲讲课；有的却能在教学之余站在前辈巨匠的肩膀上勇攀科学高峰，进行石破天惊的发明创造，成为普通的大学老师远远不能望其项背的大师。很显然，铸就这类可遇不可求的巨大的巅峰的大成功主要靠的是智商，而非情商。缺少关键时刻的灵光一闪，无论多高的情商，也只能功亏一篑。中等左右智商的人可以通过下死工夫，进行一些小改小革、小发明小创造，但不能有令人叹服的大发明大创造。

再说情商本身就是一个边界模糊的概念。戈尔曼“延迟享受”实验中想方设法借助做游戏、讲故事去分散注意力，拖延时间吃糖的小孩，你说他们是抗拒欲望的能力强，情商高可以；我说他们是聪明智商高也可以，试问小小年纪就懂得借助做游戏、讲故事去分散注意力不是聪明又是什么？

范进中举前，丈人胡屠夫在他面前动不动就大光其火，情绪控制能力差，情商低；范进中举后，丈人胡屠夫在他面前毕恭毕敬，请他打嘴巴，他就是不敢动手，生怕得罪了天上的文曲星。难道说突然间，胡屠夫控制自我情绪的能力变强了，情商变高了？不是，胡屠夫还是那个胡屠夫，只是范进的身份变了，胡屠夫感到害怕了。日常生活中的你我他，有几人不是在弱者面前自我控制的能力差，容易发怒，在强者面前自我控制的能力强，敢怒而不敢言？敢怒不敢言的背后难道没有智慧运用的影子？所以，情商很难是一种独立的存在，情商之中常常隐含着智商，隐含着明智和识相。（早在弋尔曼之前，耶鲁大学的心理学家沙洛维和新罕布夏大学的心理学教授梅耶就提出了“情绪智能”一词，这个词应该更贴切一些。）

伟大人物们为何能在平凡的人们觉得不可能成功的地方仍矢志不渝地朝前走，坚持、坚持、再坚持，直到最后的胜利？除了情商高，更多的是基于高智慧，基于高屋建瓴基础上的远见卓识，否则，就不能叫做坚持和情商高，而是固执己见与盲目！高智商的人学习速度快，计谋、主意多，在名利场中更容易胜人一筹，更自信，更不会轻易地被他人、被一时的困难所左右，自我激励的能力更强，情商更高，高智商促进了高情商。据此，我们应当以一颗平常心对待风行于企业的励志类培训。励志类培训对帮助员工树立一个积极向上的心态，百折不挠，不轻言放弃固然是大有裨益，但做成功一件事，除要有满腔的热情外，还要有科学的方法和分析问题、解决问题的能力。能力从什么地方来？能力从先天的智商和后天的学习中来，特别是创新的能力，创新主要靠高智商，靠匪夷所思的思维能力。诸葛亮就是诸葛亮，不要说三个，就是三百万个臭皮匠纵使信心、情商比天高，也不及诸葛亮鹅毛扇一摇。要不，刘备如何肯放下堂堂皇叔的架子，降贵纡尊去三顾茅庐？

☺ 三阶梯管理 VS 专题管理

我曾在本书的封面上写下“一部总统企业管理的创新之作”13个字，不是我赵某人以作者之心度读者之腹，暗地里心存疑问者一定不在少数！也难怪，谁让我偏偏要祭出“总统”的大旗呢？好吧，现在该是我就此作出明确解释的时候了。首先我要说，这里的总统不同于政治学上的总统，政治学上的总统有最高统治者之意，我这里的总统则没有，它只是总体的系统的简称。其次，总统企业管理的寓意是用总体的系统的观念来整理和归纳企业内各式各样的专题管理，如人力资源管理、生产管理，或者换言之，将企业内各式各样的专题管理分门别类地纳入到一个管理大系统——三阶梯管理中去，以便给人们鲜明的层次感、体系感。再次，之所以扯上总统的大旗，是为着引起人们的重视，而非故作惊人之语以取宠。

以往我们在讲到“企业管理”一词时，虽然针对的也是整个企业，但真正闪现于脑际的却是东一个西一个的专题管理，从没有人将企业的管理作为一个系统来规划。三阶梯管理正是为着有效地弥补这一缺憾而出现的，它根据科学的系统观，把企业的管理规划为制度管理、情感管理、创新管理三类依次上升的平台，然后在三类平台上排布着不同专题的板块。比如在制度管理平台上，有人力资源管理、生产管理、技术管理、营销管理等一系列板块；在情感管理平台上、创新管理平台上亦然，并且全都是一一对应。进而可以看出，三阶梯管理与专题管理间的关系主要表现为：一方面，所有的专题管理都能纳入到三阶梯管理中去，成为三阶梯管理之树上的一个枝条；另一方面，每一个专题管理，无论是人力资源管理，还是营销管理，都由分属于三类平台上的相应专题管理板块梯进融合而成（参见图示四）。

我们以人力资源管理为例，第一部分是它位于制度管理平台上的人力资源管理板块，旨在使员工聘用、培训、考核、薪资福利、奖惩、晋升等都有一套合理适用的规章制度及流程可循；第二部分是它位于情感管理平台上的情感管理板块，旨在员工的聘用、辞退、考核、奖惩工作中，给员工更多的尊重、信任、理解、体贴和关爱；第三部分是它位于创新管理平台上的人力资源管理板块，旨在让全

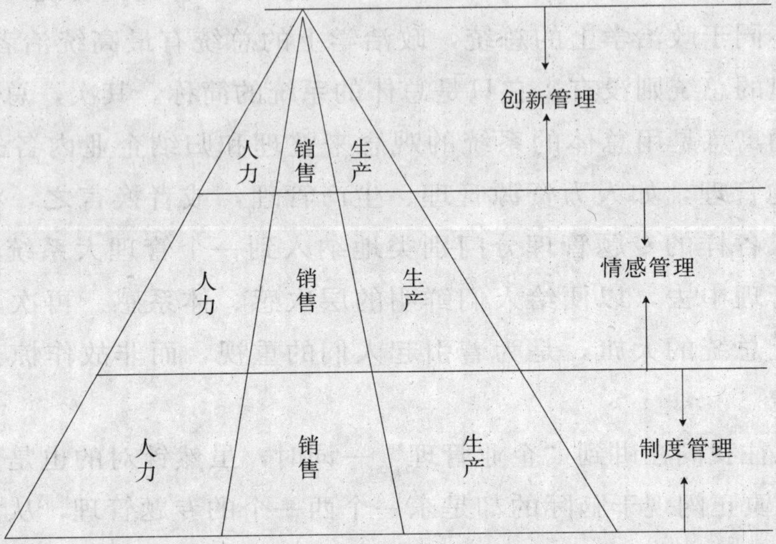

图示四

部的人力资源管理制度、流程，以及员工情感管理的方式方法都能随着企业内外环境的变化而变化，以变应变，适者生存。三个人力资源管理板块的梯进与融合形成企业的人力资源管理，企业的人力资源管理是三阶梯管理的一个子系统。

在厘清了三阶梯管理与专题管理双方关系的同时，我还想作一点强调：所有的专题管理虽然能纳入到三阶梯管理中去，但三阶梯管理却代替不了专题管理。三阶梯管理是一个为专题管理提供生存空间的系统框架，专题管理则是生存于这个系统框架内的具有特定功能的实体，不能将两者混为一谈。打个不恰当的比喻，原先我分期分批买回来的床上用品、台凳桌椅、电器百货、锅碗瓢盆、交通工具等被随便摆放在露天的草地上，而今我建起了簇新的三层楼房，所有露天堆放的家用物品便有了归宿，逐一归置于不同楼层的不同房间里；三层楼房虽然能容下所有的家用物品，但三层楼房却代替不了用途各异的家用物品。三层楼房相当于我们的三阶梯管理，用途各异的家用物品相当于不同的专题管理。三阶梯管理中的制度管理、情感管理、创新管理只限于总体上对制度、情感、创新的规划和把握，至于各个专题管理的制度、情感、创新板块怎样才能符合“一严二合理”、“一真二合理”、“一反二合理”的理念，怎样才算适用和匹配，则是各个专题管理分内的事，三阶梯管理不会也不可能包罗万象，包揽一切。

☺三阶梯管理之“新”

三阶梯管理是我的创新，新在何处呢？新在它的梯进与融合。梯进是由赋予了特定含义的制度管理、情感管理、创新管理依次上升而成的阶梯式结构；融合是由位于三个层面的三大管理有机交织成一体化的系统。

由梯进的阶梯式结构而来的先后感，使我们从容面对目不暇接的管理理论、管理名称、管理方法、专题管理，知道斗大的馒头从何处下手。知道先从基层的制度管理部分进入：组织结构图、岗位图、职责、标准、流程是否完善？应该具备的质量、成本、财务、行政、人事、营销、生产、技术等专题管理制度是否健全？是否得到不折不扣的执行？整个的制度管理是否符合“一严二合理”的理念？再看中层的情感管理部分，企业对员工的情感是否给予了足够的重视？有无对员工的充分尊重、关爱、体贴、帮助、支持、理解等？有无体现于专题规章制度中和经理人的言行中？企业的情感管理有无与“一真二合理”理念相背离之处？最后看高层的创新管理部分，创新的文化、创新的制度、创新的员工、创新的团队、创新的规划、创新的组织、创新的活动、创新的环境、管理的创新、技术的创新、创新的绩效、创新的激励、创新的失败等一一盘点清楚。循着由基层经中层到高层的顺序查看完了，全部的企业管理也就成竹在胸了。

由融合的系统而来的主次感，使我们远离片面性的泥沼，懂得什么才是企业的真正瓶颈。当战略第一论风靡中国企业界时，战略的重要意义很快被推上了无以复加的祭台，好像企业一旦战略正确，就万事大吉，道路再怎么曲折，前途终归光明一样。但过不了多久，执行力第一的大潮便一浪高过一浪，因为人们发现众多号称目标伟大、战略正确的企业在风云变幻的市场上竟是那样的不堪一击，于是目光转向了执行，怪执行不力；又过不了多久，细节第一的热风又刮得人头昏眼花。抓细节妙呀，抓执行抓细节不像抓战略，抓战略抓得不好，大大小小的老板会引火烧身，制定战略的责任在上头；抓执行抓细节则不然，执行和细节的责任全在下面，尤其是细节。一厘米相对于一分米是细节，但相对于一毫米还是粗糙了点；一微米相对于一毫米是细节，但相对于一纳米仍嫌粗糙；细节无止境，细节无极限，抓细节的责任永远在下面，永远可以让老板们两手叉腰地对着下面颐指气使。如此，书虽然是东拼西凑起来的，虽然言之无物，但有老板们以大把大把的钞票做坚强后盾的青睐，那就照样卖得红火，并经久不衰。至于讲细节第一时，要不要结合企业的目标市场，结合成本？像你制造一辆价值百万的宝马香车时，精确到一微米的细节固然是没问题，但如果你在制造一支几毛钱的圆珠笔时，也里里外外地精确地一微米的细节，会不会让你亏得找不着北？以及为什么老是在细节上出差错，怎么样才能有效地避免之类的问题，谁又管得着呢？

然而问题毕竟是问题，问题不会因为老板们的一厢情愿而自动地销声匿迹。细节第一论虽风景独好，却不能和战略第一、执行力第一论有所区别，于是，有人又老调重弹，重新回到战略第一的故事中去寻求济世良方。诚所谓天道轮回，周而复始也！

世人围绕企业第一的争论还远未结束，除去这里的战略、执行力、细节说外，还有持企业文化第一、核心竞争力第一、创新第一说的，总之说什么的都有。我觉得这些见仁见智的说法既有对的一面，也有不对的一面。说他们对是因为站在特定的角度，每个人都有每个人的道理。比如说战略，企业如果没有一个正确的战略，只知道埋头拉车，不知道抬头看路，那么很容易走弯路、走错路、南辕北辙，走上破产倒闭的不归路，这时战略自然是第一位的。再如执行力，企业的战略方向确定以后，起决定作用的是执行；战略方向正确不是目的，目的在于通过对战略方向的贯彻执行实现企业的中长期经营管理目标。战略方向正确只是企业万里长征的第一步，执行的作用非同小可，但很多企业的问题正是出在执行力上，这时执行力就是第一位的。

说他们不对是因为战略第一也好，执行力第一也罢，一切都是有条件的，离开了一定的条件，所谓的第一就变得毫无意义。这个条件就是系统思考。企业管理是一个系统，我们只有运用系统的眼光来观察与思考，才能找出影响企业发展的真正瓶颈。或者换言之，把企业视为一只盛水的木桶，只有以系统的眼光，才能看清楚企业木桶上的最短一块木板，进而将克服短板作为企业发展的第一要务，才具有正确的意义。据此，既不是战略第一，也不是执行力第一，而是系统思考第一！

☺ 三阶梯管理 VS 企业诊断

我在说三阶梯管理是总统企业管理的创新之作时，包含有两层意思：它使人们对企业管理的认识变得非常清晰而全面，它是一个十分管用的、可行性、可操作性强的理论，每家企业的每个发展阶段、每位员工职业生涯的每个时期都需要它；它既然是一个新理论，势必会有一个被世人逐步认识、熟悉、理解、接受的过程，因而，难免要碰到一些问题，有问题就需要诊断。怎么诊断？我归纳为四点：

首先问全不全。制度管理、情感管理、创新管理三大平台缺一不可，三大平台上该有的板块，像制度管理平台上的专题制度和流程须建立、健全。

温馨提示一：对基层员工的管理不能忘了创新。有家劳动密集型企业，员工来自广大的中西部农村地区，文化程度以初中、小学为主。某年的中秋节，老板原来只是想搞个文艺晚会，让员工紧张的神经稍微放松一下，结果却大大出乎他的意料。晚会上，那些平时沉默寡言、满脸疲惫、埋头干活的员工转眼间像换了个人，纷纷穿上鲜艳的衣服，洒上香水，仿佛逢年过节一般，个个欢声笑语，踊跃登台，一展歌喉，使老板深为感动，以至老板一口气连说三个想不到："想不到我们公司也有这么多的人才，想不到他们这么投入，想不到他们表演得这么好！"

事后，老板颇受启发，决定在一向令人头疼的总装车间竞聘车间主任一职，要求是：车间主任不但要有能力，而且要得到员工的信任。这样一来，员工参与的积极性更高了。事实又一次证明，那些朴实无华的员工中也有人才，只要管理层肯给他们机会，他们一样干得好，甚至比管理层直接指派的人还要好。

温馨提示二：对高层员工的管理不能少了制度。高层人员的主流需要虽然是成长发展的需要，但也有生存的需要，生存的需要不是主流不等于不存在，如此，与生存需要相对应的制度管理就必不可少，这一点曾经被早先的IT企业所忽略。

其次问真不真。构成三阶梯管理的三大平台是不是我们所讲的制度管理、情感管理、创新管理？是否体现了"一严二合理"、"一真二合理"、"一反二合理"的理念？

温馨提示：制度管理是以制度为对象的管理，而非用制度去进行管理；情感管理是以员工情感为对象的管理，而非富有情感的管理；创新管理是以创新为对象的管理，而非对管理的创新。

再次问顺不顺。三大管理平台依次梯进时是不是遵循了由制度管理，经情感管理，到创新管理的先后顺序？

温馨提示：不讲制度的情感管理无异于婆婆妈妈；撇开以制度、情感作现实基础的创新是断了线的风筝。

最后问活不活。三阶梯管理系统内的重心所在平台以及三大管理平台之间围绕重心所展开的匹配，是否符合不同企业不同发展阶段或不同员工职业生涯不同时期的特点？

温馨提示一："活"和匹配是必须的，也是相对的，任何企业都不可能做到每时每刻百分之百的活与匹配；创新与稳定是一对矛盾，要妥善处理好创新与稳定、渐变与突变的关系。

温馨提示二：说到的就要做到，做不到的宁可不说，特别是在制度管理上。

为加深读者诸君对"活"与匹配的印象，我虚拟了一个有着现实基础的案例供各位观摩：我先假设该虚拟企业当初是从给欧美商界巨擘们做贴牌加工起步的，做贴牌加工虽然总体上处于产业的最低端，利润率很低，但矮子里面也有将军与士兵之分，给顶尖企业做，比方说给迪斯尼，肯定要比给二三流企业做要求高、利润高。这一阶段企业胜出的核心能力是快速仿制、品质管理、成本控制、交货期保证，三阶梯管理重心应放在制度管理平台上，相关的情感管理平台、创新管理平台建设要紧紧围绕制度管理平台来匹配。

我继续假设该企业给欧美商界巨擘们做贴牌加工做得很顺，在积累了雄厚的资金的同时，也学到了先进的管理，提升了企业的档次。于是，自然而然地想到要另起一块炉灶：以国内市场为先导，创立自己的品牌。新公司创品牌主要靠的是广告、设计、品质和服务，既不同于单纯以广告造势，不顾品质和服务，赚一把就跑的流星式品牌，又有别于广告、设计、品质、服务加研发齐上阵的恒星式品牌，比上不足，比下有余。比只有知名度、没有美誉度的流星式品牌，它不但有知名度，而且美誉度多少有一点，影响力更持久；比知名度大、美誉度根深蒂固的恒星式品牌，它的美誉度由于缺乏研发力量的支撑，核心技术不在自己手中，因而，很容易被人家玩弄于股掌之上，知名度再大，也难逃多年的心血毁于一旦的厄运。这一阶段企业胜出的核心能力是培养和维护与顾客的亲和力，而企业与顾客间的亲和力又离不开企业与员工间的亲和力，所以三阶梯管理的重心应放在情感管理上，相关的制度管理平台、创新管理平台建设要紧紧围绕情感管理平台来匹配，这一阶段的制度管理平台因而与上一阶段有着很大的不同，创新管理平台也是如此。

我进一步假设该企业的创品牌之梦在经过一番凤凰涅槃后如愿以偿，并且是那种有着强大的研发力量做靠山的恒星式品牌。发展到这一步，企业胜出的核心能力是设计、研发、整合行业资源和品牌管理，其余非核心的加工制造都可以外包出去。三阶梯管理的重心应放在创新管理上，相关的制度管理平台、情感管理平台建设要紧紧围绕创新管理平台来建设，像世界一流的编辑逻辑组件生产商Xilinx Corp那样，一揽子解决。“Xilinx的企业环境不仅包含了所有鼓励创新的要素，而且更是一个让人舍不得离开的环境。Xilinx的人员流动率只有5%，是硅谷人员流动率最低的公司之一。‘我们发现，来我们公司的人要么只想待2～4年，要么就想待一辈子。’总裁罗兰特斯自豪地说。当你着手处理某个问题的时候，创新也就开始了。就像原本是要提高创造力，没想到结果连其他问题也一并解决了，比如减少了人员的流动。”（摘自《世界经理人》2006年4月“七种方法建‘温室’”一文）

关于三阶梯管理，我能想到的均已和盘托出，末尾，我还要集中重申一下它的边界和局限：①三阶梯管理作为一个框架体系的作用再大也代替不了人的主观能动性，企业间的管理之争是先比体制，后比体制中人；②三阶梯管理代替不了专题管理；③三阶梯管理的“活”与匹配是相对的，真理与谬误仅一步之遥！

后 记

我由衷地感谢我自己：从 7 年前的一点灵感，到 6 年前的一篇论文，再到今天的一本专著，我不停地问自己、问别人，不停地思索，不停地求证，不停地丰富与完善。

人生在世几十年，7 年多的时间何其漫长！在这 7 年多的时间里，一个朴素的信念始终支撑着我、激励着我、鞭策着我：我能写出更好的文章，我能创新一门科学的管理理论！

从 35 岁到 42 岁，我生命中最充沛、最珍贵的岁月，我要抵御多少诱惑，我要耐住多少寂寞！我反复地警醒自己，我拼命地挣扎，我最终战胜了自己，感谢我自己！

我由衷地感谢我女儿：从 10 岁到 18 岁，是女儿成长中最重要的时期，她多么需要父亲的日常呵护，多么需要父亲在身边引导，然而，我竟没有给她，我对不起她！

多少次泪水涟涟的别离，多少次期盼，多少次匆匆地回匆匆地走。“爸爸，你不要走，好吗?”“倩倩，爸爸也不想走，也想在家里陪你，但没有办法，爸爸不能不走!”儿女情长，今生无奈！这辈子我欠她太多，并且无法补偿。

女儿的善良和淳朴给了我不尽的感动，也给了我无穷的力量：“我要努力，我要奋斗，我不能辜负她，我一定要为她做点什么。”感谢我女儿！

我由衷地感谢马斯洛：我的三阶梯管理理论虽然不是源自于马斯洛，但马斯洛的需要层次论给了我有力的证明；当然还有奥德费、恩格尔、泰勒、梅奥、麦克雷戈、熊彼特，还有辩证的肯定否定观，他们栽树，我乘凉。

我由衷地感谢企业界：我长期工作学习于企业界，是企业界的生动实践给了我观察与思考的空间。尤为令我感动的是，有三家内地企业，仅仅是读了我的《制度管理、情感管理、创新管理》一文，便将我的三阶梯管理付之于行。

我由衷地感谢互联网：尽享互联网带来的快速而高效的搜索功能，使我在写作过程中既省心省力又省时，我爱互联网！

我的心愿：愿我们从此是朋友

我的邮箱：zbp079@sohu. com

赵伯平

2006年10月9日于上海